聞く、書く。

聞き書き人の会　会報誌　第5号

表紙の写真は、玉野市立図書館です。

聞き書き人の会　会報誌「聞く、書く。」第5号●目次

聞き書き……原点に返る

文屋　泉

２０１１年春に発足した聞き書き人の会は、６年目の活動を終えようとしている。６年目、初めての試みとして、9月に公開例会とミニ交流会を開催した。今までの活動のまとめと公開例会の趣旨を冒頭の挨拶に込めた。

今日は、お忙しい中を聞き書き公開例会に足を運んで下さり、有難うございます。私どもの会は２０１１年4月に発足し、今年6年目になります。戦中戦後の困難な時代を生き抜いてこられたお年寄りから生きてきた歴史を聞かせてもらうことで、その知恵や技術を学び、後世に伝えようとしています。そのことが一人ひとりのかけがえない人生を大事にすることにつながっていくことだと考えています。

私たちの活動のもう一つの柱として、聞き書きを学び、伝えるということがあります。一昨年（２０１４年）は聞き書き作家小田豊二氏をお迎えして、ここで、講演会とシンポジウムを持ちました。小田氏指導の下、ミニ聞き書き集を作るというワークショップもあり、少しは、聞き書き活動を広めることができました。

今年は、この2年間の成果として、県内で広がった聞き書き人の会の皆さんとともに聞き書き活動をしていく中での困難はもちろん楽しみも含め意見交換し、共に学び、お互いの know-how を伝えていきたいと思っています。

公開例会では、前半会員によるワークショップ「聞くから書くまで」で、実際にテープを5分間聞いてもらいながらその部分の素起こしと原稿化のサンプルを提示し、作品「聞く、書く。」４号「自分で自分の人生を大事にな」に至るまでの過程が説明された。その後、「聞く」「書く」それぞれで苦労した箇所と振り返りが語られ、意見交換が行われた。

聞き書きとは、語り手の話を忠実にテープに起こすだけでなく、語り手の話し言葉を生かしながら、読み手によりわかりやすく伝えるために、表現の工夫をしたり、順番を入れ替えたりする、語り手聞き手の共同作業であることを共通理解することができたように思う。

後半のミニ交流会では、県内で聞き書き活動している他団体と、それぞれの活動の中での気付き・喜び・成果が話し合われた。

（本誌ｐ１３０所収）

ミニ交流会出席の二つの団体は、会員による協力のもと、聞き書き活動が昨年より継続している。「やかげ聞き書き人の会」では、70歳代から90歳代のお年寄りに昔の矢掛の様子を聞くことで、今まで知らなかった地域の魅力に気付き、後世に残そうとしている。

菊・竹炭・干し柿・焼き麩など地域の特産物を長年愛情を込めて育ててきたお年寄りの話は、仕事が生活の糧を得るにとどまらず、創意・工夫に満ち、仕事の中で得た勘や技術の高さに驚かされた。地元に残る伝統的行事を支え、地道に山や道を整備し、守ろうとしてきた吉備保光会や百《もも》手《て》講《こう》・ヤッホー公園の話に地域への深い愛情を感じることができた。長く一つの仕事をしてきたお年寄りの仕事への誇りに圧倒された。

２０１７年3月には、「聞き書き集　やかげ」３号が完成する予定である。

同じく、今年（２０１６年）５月より、足守公民館で昨年に続き、「足守聞き書き講座」が始まった。

足守地区の文化・伝統行事・特産物・生活を聞き書きによって掘り起こし、記録に留める。創刊号・2号とはまた違った視点で光を当てることによって、足守の魅力に気付かされている。

足守みやげを考案し、製造してきた人の話。子供の頃の正月・盆行事をはじめ、四季に恵まれた日本の行事・風習を驚くべき記憶力で語ってくれたお年寄り、生活用水確保のための灌漑工事に携わってきた人、地域の人の健康に仕事としてかかわってきた保健師さんの話など。いま、2回目の取材を済ませ、「あしもり」3号に向けて、文章の直しをしているところである。

また、本会は、「聞き書き」という技術を身につけ、人や地域の歴史を聞き書きを通して後世に伝えることを目的として、各地の聞き書き作品の学習・技術の習得を大きな柱としている。今年取り上げられたテキストには、会員の興味・好奇心のむくまま、さまざまな領域での聞き書きがある。

森まゆみ著『震災日録　記憶を記録する』は、筆者が地域の日常と被災地で見たもの聞いたことを書いておこうと決めて2011年3月11日以後一年間の記録をまとめたものである。「記録されないことは記憶されない」という宮本常一の言葉を引用して、本書が震災後一年の備忘録となること、これからも第2のふるさと石巻を行ったり来たりするだろうことをあとがきに記す。『吉備高原の神と人』神崎宣武著では、宮本常一に勧められて神楽研究の道に入った著者のルーツを問う意味でも面白く、備中方言の味わいがなんとも言えない。秋山正子著「在宅ケア」では、訪問看護・介護の現場から、患者の家族や、関わった専門職の思いを引き出し、一般市民の語る言葉から、思いを伝える力を引き出すことの大切さについて学んだ。

さまざまな分野における聞き書きを学ぶことによって、聞き書き手法による昔の生活・知恵・技術が、語った人の言葉遣いで記録されることで、より深く語り手の思いが伝わってくることがわかった。

さて、今年は発足当初より積極的に関わってきた会員の退会、新入会員の申し出があり、今一度聞き書きとは何か、なぜ聞き書きを続けるのかという原点に立ち返る機会を得た。そして、その答えは、本誌それぞれの聞き書き作品の中にあるように思う。

病気により昔の記憶が薄れていく父親の聞き書きをしたいと思った人。自分の職業を選ぶにあたって、深い影響を与えた教師に聞き書きをした人。自分の辛かった一生をどうしても聞いてもらいたい、そのために病を押して訪ねて来た人を受け止め、聞き書き作品にまとめた人。身近にいる憧れの人生の先輩にぜひ話を聞きたいと思った人。長く一緒に暮らした人が台湾引揚者であったため、10代で満州に渡った人の話を聞き書きした作品。

年代も、性別・地域も様々な人の半生が語られているが、共通するところは、生きた証を聞いてもらいたいという語り手がいて、語り手のかけがえない人生を大切に思い、後世に残したいと思う聞き手がいるということではないだろうか。

優れた記録映画は、時代の波に巻き込まれた人の語りを丹念にカメラを回し続けることによって、その人の語りから、性格・思い・人物像を浮かび上がらせることができる。一人の人間の語りを超えて、その人が生きた時代がどのような時代であったかさえも知ることができる。映像の力の大きさに圧倒されながらもわれわれは、聞き書きによって同じことを後世に伝えようとしている。

普通の人が大事にされ、かけがえない人生を誇りを持って生きられる社会とはどういう社会なのかを聞き書きの原点に返って問い続けたい。

（２０１６年12月）

聞き書き

まあ、こんなもんかなぁ

小山博子

話し手：長崎喜代子（昭和3年（1928）生まれ　岡山市在住、88歳）

はじめに

長年続けた仕事を辞めたとき、私は近くの公民館でいくつかの講座を受け始めた。そのひとつが、文章表現講座だった。長崎喜代子さんとは、その講座で出会った。

ずっと農地を守ってこられた長崎さんは、折々の生活や思いを達者な文章で記されていた。そんな作品から、今の彼女を培ってきた若いころのことや、農家に嫁いでからの暮らしぶりや、苦労、喜びなど、ご自身では記されなかったことどもをお聞きしたくなった。

長崎さんは「私の話なんか、つまらんですよ」と辞退されたが、何とかお話を聞かせていただくことができた。

子どものころ

子どものころのことですか？　もう、忘れてしまいましたけどねえ……。泳ぐのが、ものすごく上手だったんですよ。

私が生まれた家は津山線の牧山駅の少し東の方の中牧《なかまき》というところで、旭川沿いだったんです。その旭川で、お父さんは箱眼鏡をつけて、よう鮎を獲っていました。鮎の塩焼きは、食卓によう載っとりましたなぁ。

そんなんで、私も小さい時からお父さんに背負われて、川でよう遊んでもらいました。

何歳のときだったでしょうかなぁ……、学校に上がる前だったと思いますが、お父さんの背中に負ぶさって川で遊んでいるとき、お父さんは背中の私を「そーら」と、水の中に放したんです。もう、必死でもがいているうちに、泳げるようになったんです。

それからなんですよ、泳ぐことが得意になったのは。

尋常小学校に入ってからも、泳いだり走ったりするのが大好きで、学芸会なんかでも歌ったり踊ったりして活発な子だったんです。そんなんでしたから、学科はみんな「甲」を貰っとりましたが、音楽だけは、甲は貰えませなんだ。自分では歌も下手《へた》ではないと思っていたんですけど……。2年生か3年生ころだったと思うんですが、私の歌のことを男の子が悪ふざけして、からかったんです。それからは、歌が人前では全然歌えんようになって、引き籠りのような、ものすごい引っ込み思案になってしまいました。

でも、好《え》いこともあったんですよ。小学校の3年生のとき、担任の先生が、「全国つづり方コンクール」に私の作文を出してくださってね、そしたら何と、1等や2等には入れなかったんですが、佳作になったんです。田舎の小さな学校から出した作文が全国で佳作を貰えたと、先生たちも周りのみんなも、「この子は、つづり方がじょうずなんじゃぁてえ」と喜んでくれて、嬉しかったです。

そのときから、作文を書くということに、妙に自信を持ちましたなぁ。

お父さんがよう本を読んでいましたから、そんな影響もあったんかもしれませんなぁ。

私が10歳のとき、昭和13（1938）年にお父さんに召集令状が来ました。支那事変のときです。弟が生まれて2か月で、お母さんはおろおろして乳がぜんぜん出なくなってしまったんです。そのとき、ちょうど家の近所に、子どもを産んだばかりで母乳がたくさん出る人がいましてな、「貰い乳」をしたそうです。

幸い、お父さんは1年ほどで復員して来ましたが、そのとき、子ども達で出征したお父さんに慰問の手紙を書いたのを思い出しますなあ。

小学校卒業のころに、山奥の子だったんですが、担任の先生が一女（岡山県立第一高等女学校）を勧めてくれたんです。だけど、復員して帰って来たお父さんが、「女がそんなところに行ったら見識ばかり高くなる」と賛成してくれませなんだ。お父さんは、また召集が来るかもしれないと思って、お金の要ることに賛成しなかったのかもしれませんなぁ。

それで、小学校から高等小学校に進んだんです。そしたら担任の先生が、「倉敷に、倉女（県立倉敷高等女学校）いうて、ええ学校があるんよお。あそこへ行ってみられえ。それから、その気になったら師範に行きゃあええが」と言ってくださったんです。

それが……、どういうたら、ええんでしょうかなぁ……。人見知りの激しい、引っ込み思案の子でしたが、お祖母さんが初孫の私をとても可愛がったんです。近所の人からも「お嬢さん」って呼ばれていて、そういうものが、どこかにあったのかもしれません。それに倉女はハンドボールで全国優勝したりして、スポーツで有名な学校だったんです。体育が好きな私は、その学校にいきたい、と憧れましたなぁ。

倉敷に住んでいた叔母が、「私の家から通ったらいいがぁ。社宅の近くからも倉女に通っとる人がおるよ。お米だけ持ってきてくれたら好い《ええ》から」と言ってくれたんです。

叔母は、倉敷人絹に勤めていた旦那さんが出征したあと、社宅に残っていたんです。

倉敷高等女学校のころ

14歳の昭和17（1942）年に、憧れていた倉敷高等女学校に入学しました。高等小学校に1年行っとったというのがあって、ちょっと気おくれするところがありました。でも、担任が体操の女の先生で、この先生がみんなの良《い》いところを引き出しては誉めて、みんなを上手に指導される方だったんです。1年遅れて高等科から入学した私には特に気を遣って、自信をつけようとしてくれたようです。

小さいころから得意だった水泳なんかのときには、「角道《かくどう》、模範水泳！」と先生に指名されて、あっ、結婚前の姓が角道だったんです。それで、高梁川の水が支流に入って来る酒津の水門の上から飛び込んで泳いだりしました。それから、倉女には、5千メートル走るというのがあったんですけど、そのときなんかも、その先生が大きな声で、しっかりしっかりと私を応援してくださったりしましてねえ。自信を持っとった運動面で認められることがたくさんありました。

それから、1年生のときには、国語先生が「この中に、試験で100点を取った者が1人だけ居る」と、5組ぐらいあったんですけど、みんなの前で私の名前を発表して褒めてくださったりして……。いろいろと自信を持たせてもらって、引っ込み思案だった姿はすっかり消えましたなぁ。

3年になってからは、学徒動員で倉敷万寿《ます》陸軍被《ひ》覆廠《ふくしょう》に行って働きました。ときどき、土曜日には学校へ行っとりましたかなぁ……。万葉集なんか聞いたことが浮かんできます。

昭和19（1944）年、6人目の妹が生まれたばかりのときに、もう召集はないだろうと思っていたお父さんに2度目の赤紙が来たんです。お母さんは、また母乳が出なくなって……。

出征前のお父さんは、私に知らせてもどうしようもない、生きてさえいればまた会えるだろう、と言って、走り回ってミルクを買い集めに走り回ったそうです。そのミルクは、お腹をすかせていた下の弟や妹も、おやつ代わりに飲んだということです。

そんなことは後で聞いたことで、私は何にも知らないで被覆廠で働いていました。被覆廠では、ご飯は丼一杯食べられて、ありがたかったです。

お昼ご飯のときに、お作法の先生や担任の先生なんかが、「みんなで鉢巻きを締めて、こんなことをしていて、どうなるんだろう。どうも、風向きがおかしい」と、話しておられるのを耳にしましたなぁ。

陸軍の人達が居たのは、私達が入れない建物だったんですが、池田中尉という結婚したばかりの格好いい人が私達の係で、みんな憧れていましたわ。


終戦になる少し前に、下宿していた倉敷の叔母が社宅を引き上げることになって、私は住むところがなくなって、番町の親戚の家から汽車で、倉敷の工場に通いました。

汽車で通っているとき、広島の原爆の投下で酷い被害を受けた凄い人達が運ばれてくるのを見ましたなぁ……。

8月15日には、工場の広い場所にみんな集まるようにと言われました。そこで、天皇陛下の言葉をみんなで一緒に聞いたのですが、朕、なんとか、と言われた以外は、聞いても意味が分からなかったです。工場長が、「もう、大変なことです。日本が負けたようじゃ」と言って初めて、日本が負けたらしいと、分かったんです。

どんな気がしたかしたかって？　みんなが「勝つ、勝つ」と言っていたから、勝つと思ってたんで、ただ、茫然としていました。


9月から、学校に行きました。

学校には、空襲に遭った人達が、神戸や大阪の方から転入してきとりましたなぁ。

通学の汽車はいろんな物を積んでいて、乗るところがなくて、やっとぶら下がって家に帰りょうりました。

勉強は、どうしょうりましたかなぁ……。教科書はなくて、プリントで勉強したような気がします。

生徒達が、学校の方針がおかしいと、ストライキをしかけたこともありましたなぁ。

数学の先生なんかは、「まあいいわ。みんなは習わなかったからできない、と言えばいいんじゃから。それでいいが」と言っておられました。

3月に、4年で卒業証書を貰って、代用教員に、という話もありました。父や母の姉達が教員をしていたので、私も教員になりたいなぁ、と思いました。でも、教員になれば一人は食べていけるけど、家族みんなが食べていくことに困りますがぁ。

それで、6人姉弟の長女だった私は、中牧の家に帰って百姓をすることにしました。

お父さんの戦死

お父さんは戦争が終わっても、なかなか帰って来ませんでした。

戦死だと分かったのは、昭和22（1947）年だったでしょうかなぁ。終戦後、ずいぶん経ってからです。

それがねぇ、お父さんは終戦のときにソ連に連れて行かれたそうです。ソ連でひと冬過ごして、厳しい強制労働をさせられたんでしょう、ひどう弱ったからと、平城に連れ帰って入院しとったそうです。その後、ちょっと元気になって、ソ連兵の使役《しえき》に使われていたそうです。そこで、トラックがひっくり返って下敷きになって死んだ、ということでした。

中牧の家は百姓ですが、小地主だったもんですから、暮れになると、小作の人が蔵に米を入れてたんです。それが、お父さんが帰ってこないと分かったら、蔵を開けて、中の大切な物を勝手に持っていって、鍵は放り捨てて……。リヤカーなんかも持って帰って使えるだけ使って、タイヤがパンクして要らんようになったら放り捨てて。配給の肥料なんかも持ち去って……。お母さんは、仕方がないなぁ、と言うだけでしたが、もう、小作をしとった人達は、掌《てのひら》を返したようになりますなあ。

お父さんの両親は若死でしたし、父さんのお姉さんは二人とも嫁いでいたし、戦死の知らせが入ったときには、中牧の家はお母さんと子ども達だけだったんです。

そこにもってきての農地改革でしょう。田んぼは二束三文で、ほとんど持っていかれましたが……。

もう、お父さんは戦死するし、田んぼは無いし、私達家族は、そこら辺に裸で放り出されたようなもんで、ほんとに、つらいことでしたなぁ。私の下に16歳の弟、14歳と12歳の妹、その下に8歳の弟と、まだ3歳の末の妹も居ました。

戦死した家族には生活保護のようなものが貰えたんですが、財産があったり、子どもが高校に行ったりすると、貰えなかったんです。財産というか、山がありましたし、弟や妹達を高校にだけは行かせたいと思ったんで、働かないといけなかったんです。

それまで、百姓はしたこともなかったんですけど、お父さんの友達やお母さんの里の親戚なんかに援けて貰いながら、毎日格闘しましたなぁ。

サトウキビも植えました。絞って砂糖を作るんです。あと、何を植えましたかなぁ。肥料なんかも買えなかったから、下肥《しもごえ》を担いで撒きに行ったりもしました。

戦死したお父さんの遺族年金が貰えだしたのは、昭和28（1953）年からでした。

この年に、弟が23歳で結婚しました。下の弟も岡山工業高校に入学しました。そんな時、私に縁談がありました。私は、25歳になっていました。

牟佐に嫁いで

縁談は、中牧の私の家の近所から牟佐に嫁いで来とられた方の紹介というんでしょうかなぁ……、お話だったんです。

相手の方は農家の次男で22歳の跡取り。農閑期には、主に瓦屋で手間仕事のアルバイトをしている。長男は、母方の里で跡取りが亡くなって、そこに養子に入って木工所を経営している。三男の弟は、学校を卒業して就職が決まるまで家の農業を手伝っている。母親は、10年前に家を建てたとき女の子を出産して、産後の肥立ちが悪くて43歳で亡くなっている。父親には後添えの話もあったが、娘が僻んだらいけんからと独り身を通している。それで家族は、そのとき生まれた妹と父親と祖父母、それに弟。

——そんな話でした。当時は、嫁を貰うということは、「手間を貰う」と言われていて、労働力をあてにされていたもんです。6人の大所帯で、女手が要ったのかもしれません。

それから、この家の先祖は、宇喜多氏に攻められて落城した御津町の宇那山城の城主で、3人いた子どもたちの中の次男が、ここ牟佐に落ちて来て住み着いたのが遠祖だとも聞かされました。

義弟は、間もなく保険会社に就職が決まって、神戸に行きました。

結婚して次の年に長男が生まれました。お義父《とお》さんは、その子がみんなから、かわいいかわいい言うて、とり合《お》ってもらったら娘が僻みゃあせんかと心配して、義妹《いもうと》が僻まんようにと、とても大事にされていました。それで、常々「家で生まれた娘と、よそから嫁に来た者とは格が違う」って言うてでした。

そんなんでしたから、結婚しても長い間、自分たちの住む二階と台所以外には恐れ多くて、よう立ち入れませんでした。それで、いつも、台所に居りましたなぁ。

それでも、義祖母《おばあ》さんには、「喜代ちゃんなぁ、あれも早うに女房に死なれて、他人《ひと》には言えん苦労をひとりで抱えとるんじゃから、いろいろ辛いこともあるかも知れんけど、我慢してやってくれえな」と慰めてもらいました。

義祖父《おじい》さん、義祖母《おばあ》さんを送る

長男が3歳のとき、昭和31（1956）年にお義祖父さんが88歳で亡くなりました。

お義祖父さんは亡くなる前に、「喜代子さん、あんたが嫁にきてくれて、よう辛抱して頑張ってくれたから、これまで生きてこられた。ありがとう。これは全部あんたにあげるんじゃけど、みんなの手前、角が立ったらいけんから、あんたらの息子の名義にしとるけど」、そう言って、なんぼうかあった蓄えを渡してくださいました。

昭和32（1957）年に次男が生まれたんですが、その子が小学校に入学した年に、長男が体調を崩して入院したんです。そのころはずっと付き添いが要りましてな、やっと退院となった日に、今日は2時ごろ退院して帰るからと、お義祖母さんに伝えていたんです。

それで、退院した長男を連れて家に帰ったら、お義祖母さんが時計の下で倒れていたんです。慌ててお医者さんを呼んで、いろいろ手当してもらったんですが、とうとうそのまま逝ってしまいましたなぁ。もう帰ってくるかな、と思って時計を見に行っていたのかもしれません。

お義祖母さんが亡くなったのは、昭和37（1962）年で、86歳でした。

しっかり働きました

嫁いだ家は、田んぼが7反ほどの農家でしたが、私は自分家《ち》の田植えを早ように済ませて、「賃植《ちんう》え」に行きょうりました。「賃植え」っていうのは、よその田んぼの、田植えを引き受けることなんです。1反植えたら、勤め人の2～3か月分の賃金が貰えとったんです。これは、何人かで組んで引き受けるんで、ときには夫も一緒に行きました。

田んぼのほかにも、広い山があって、ブドウやナシャモモなんか作っとりました。

それでも、農閑期には暇ですからなぁ。お義父さんは、夫に、「どうせ、どこかに勤めるんなら兄貴の所を手伝ってやれぇ」と勧められて、お義兄《にい》さんの木工所に勤めました。

そこで作った木工細工は、今上《きんじょう》陛下に献納したこともあるような木工所だったんです。

私は家の近くにあった大同青果という果物の仲買の会社にも勤めました。その会社は、ミカンなんかいうたら、トラックに何台いうて入ってくるんです。その大量のミカンをLサイズ、Mサイズと仕分けて箱に詰めていく仕事でした。

社長は、「うちは余剰雇《よじょうやとい》じゃなんじゃから、みんなしっかり働いてくれんといけん」と、よく檄を飛ばしました。その社長から、私は仕事ぶりを評価されて「いろんな人が量《はか》ると、目方がいろいろ違うたらいけんから、一番多いM寸とL寸はあんたに任せる」と、言われて、大切な計量の仕事を全部任されだして、しっかり働きましたよ。

その仕事で、重い箱を持ち上げては秤に乗せたり下ろしたりするもんで、腕や肩が痛くなりましてな、何度も整形外科に通いました。この仕事を何年ぐらいしましたかなぁ……。

整形外科に通うばっかりしていた私に、株内（親戚筋）の人が、ガソリンスタンドを始めるから、うちにおいでぇ、と誘ってくれましてな。これなら重い物を持つこともないし、肩を壊すこともないと思って、2年ほど手伝いました。

とにかく、嫁に来ましたときから、家を守るのが一番大事と思って来ましたから、家のことに差し障りがない仕事なら何でも、一生懸命働きましたよ。

仕事があるよ、って言われたらなんでも引き受けましたなぁ。山の木を束ねて、1束なんぼういうて、薪を瓦屋に売ったりもしましたなぁ。そんなことでも、ずっと勤めとるよりも自由が利きましたから、好かったんです。

勤めというものはありがたいもの

ちょうど息子達の学費が入用だったころ、牧山の実家の近所の人が旭川荘の給食場に勤めていて、その人が、旭川荘で職員の募集をしている、と教えてくださったんです。

それで、その人についてきてもらって、面接に行きました。面接のとき私は、「家のことがあるし、お爺さんもいますので、お手当は最低で構いませんから、家のことに支障がないよう勤めさせていただきたいです」と、お願いしました。それで、日勤だけの勤務で、知的障害児施設の旭川学園に配属していただきました。昭和50（1975）年、47歳のときです。

そのとき、以前からC型肝炎を患っていた夫が、再発して入院しましてねえ。その入院中に、木工所を経営していた義兄が「給料ばっかり払っとったんじゃぁかなわん」と言うて、工場を閉鎖してしまったんです。

義兄は少し前に脳溢血で倒れたこともあって、大きな仕事ができんようになったこともあったんでしょう。

そんなことで仕事がなくなった夫も、退院してから旭川荘に面接に行きました。

夫の方は病後だったので、半年間は臨時職員でしたが、できたばっかりの知的障害者更生施設いづみ寮に、指導員として勤めることになりました。

そのころ旭川荘は創立から15年ほど経っていて、成人の施設を次々と開設していたころで、職員が必要だったようです。


病気がちだった夫は勤めだしたころに、ある方から助言を受けまして、その方の言葉通りに生活や行動を改めているうちに、すっかり元気になったんです。指導員の仕事でしたから、担任もありましたし、夜勤なんかもありましたけど、肝炎の再発もありませなんだ。

それで……、話は飛びますけど、私が旭川荘を退職した年に夫は、「長い間、指導困難な人たちを熱心によく指導しました」と、山陽新聞社から表彰されたんです。今のように表彰される人がたくさんは居らんときでしたからなぁ、よう頑張ったんだと思います。


私の方も勤めているうちに、だんだん親しい人も出来てきましてねぇ、施設見学といって研修の出張なんかもあるんですが、それに私が行くと歓迎してくれるんです。

なんでかって言うと、研修に行かせて貰ったら、帰ってから報告書を書かんといけんのですが、その文章を任せようと思ってです。私の報告書は面白い風に書いてあったと、学園が出版する新聞に載ったりしましてな、私が一緒に研修に行ったときには、報告書を書くのが私の仕事のようになっていました。どこかに、小学校のとき作文で表彰されたというのがあって、引き受けるんでしょうなぁ。

勤めだしてから、勤めというものはありがたいものだなあ、としみじみ思いました。毎月決まったお給料がいただけて、ボーナスもありますし、せにゃぁならん仕事をしっかりして、間違ったことをしなかったら、給料もだんだん上がっていきますしなぁ。

夫は指導員で私は家政員で、お給料はずいぶん違いましたが、私も夫も決まったお給料をいただいていましたから、義姉が乳癌になったり、義兄が40で早うに亡くなったり、親戚うちで、いろいろありましたが、そんなときには、しっかり応援してやれました。

勤めをしながら、農家としての仕事もありました。お義父さんから、息子は体が弱いし、夜勤もあるんじゃから、きつい仕事や重たいことをさせたらいけん、と言われて、しんどいことは、みな私がしました。それでも終戦後に、自分がせにゃぁいけん、と思って牧山で頑張ったころを思うと、そりゃぁ楽なことです。まあ、あのころは若かったですけどな。

減反政策で米の作付面積も決まっていましたし、息子達も大きくなって手伝ってくれるし、昔と違って機械がしてくれますからなぁ。それに、母の兄妹の子ども達が、いろいろ、よう、援けてくれました。

実家の牧山のお祖母さんが、ずーっと以前に、母の兄を金銭面でずいぶん応援してあげたことがあって、そのときには、ありがたかった、という気持ちがあるんでしょうかなぁ。

退職して

昭和63（1988）年に、14年間勤めた旭川荘を60歳の定年で退職しました。

そうしましたらすぐ、地域の人が、婦人部長をして欲しいと頼みに来られたんです。

高齢で体調のすぐれないお義父さんのこともあるし、無理です、と断ったんです。でも、もう名前を書いて出してしまったから、と言われて、結局、引き受けてしまいました。

そんな役は受けん方がいい、と言われていたお義父さんは、平成2（1990）年、93歳で亡くなりました。

その翌年、平成3（1991）年には、夫も60歳になって、無事に17年間を勤めさせて貰って定年退職しました。


退職後の農閑期のゆっくりのときには、牧石のふれあいの会に行ったり、牟佐の公民館でパソコンに挑戦してみたり、大正琴を習ったり、書道を習いに通ったりしましたなあ。

夫が歴史が好きで、夫婦で「歴史を訪ねて」という会に入って旅行にも行きました。

北公民館の文章講座に入れて貰ったのも、その会で一緒に旅行していた仲のよかった友達が、北公民館でこんな講座があるよって、教えてくださったんです。それで、ここら辺の人と一緒に講座に入れて貰ったんです。子どものころに書いた作文が記憶に残っとるんでしょうなぁ。


そうそう、その講座で、私が詩吟を吟じながら散歩した話を書きましたなぁ。詩吟は、昔からやっていた訳ではないんです。

これはねぇ……、話すと長いんですが、夫が旭川荘に勤めだしたころに、通勤の道筋で詩吟教室の看板を見たんだそうです。それで帰ってから、「行ってみようかなぁ」と言うので、「そりゃあ、い好いことですが、行ってみられたら」ということになって、仕事が早く終わる日の帰りがけに寄るようになったんです。

それからずっとやっていたもんで、岡山県の支部長をしたりして、教えにも行っていたんです。それで退職したとき、牟佐でも教室を開いたらと勧めてくださったんです。

私は、夫が牟佐の公民館で教室を開いたときから、習い始めたんです。

それが、夫は退職して気持ちが緩んだのか、また病気がちになって、なかなか頼りにならんようになって、仕方がないので、私が師範代の免許をとって責任者になったんです。これも、今年の春で辞めましたけどねぇ。

「赤飯」の話も書いたことがありましたなぁ。私は赤飯を作るのが好きなんですよ。ひとりでも作れますからな。それで、家を建てたとか、法事だとかには、親戚内から、よう頼まれるんです。好きなことをして喜んで貰えたら、私も嬉しいですし。

ときには、失敗もありますけどな。8日（ようか）に頼まれとったのに、10日（とおか）と聞き間違えて慌てたこともありました。そのときは手作り味噌を代用に届けましたけど。

味噌なんかも、田舎の味がええと言われて、お土産なんかに喜ばれるんですよ。

昔は法事のときには、法要に出る人は料理やなんかできませんから、仏様に縁の薄い人が台所を任されて、お寿司や赤飯を作っていたんです。今ごろは、どっと、みんなで食べ物屋さんに繰り出しますけどね。

家で作った赤飯やお寿司は、農協女性部の朝市にも出荷したんですが、今は保健所の規則に適さないので公共の場に提供できません。一族の中で配ったり、近所の親しいお宅に配ったりしております。

いろいろ昔とはずいぶん変わりましたからなぁ。花見なんかも、地域の人達が自分の家で作った料理をそれぞれ持ち寄って、みんなで桜の下で食べたり飲んだりしとりました。

今の人は、自分ところ中心になって、自分家《ち》は自分達でする、我が家《や》はこうするんです言うて、地域の人で集まって楽しむようなことは少なくなりました。

それでも、昔からここらに住んでいる近しい家同士は、お寿司を作ったからって、貰ったり、差し上げたりは、ようしています。

ひとりになって

ここの家の母屋はお義父さんが建てられたんです。そのときに、お義母さんが義妹を出産して亡くなられて、その10年後に私がここに嫁に来たんです。

この家《いえ》では、たくさんの家族が暮らしてきました。最初に義弟が就職して出て行き、それから、お祖義父さんを88歳で送って、お祖義母さんが86歳で亡くなり、お義父さんは93歳まで頑張られて亡くなりました。義妹も22歳になった昭和39（1964）年に嫁いで行きました。

長男は大学のときから家を出て、今は奈良に住んでいます。

昭和40（1965）年に私達は別棟を建てたんです。次男が結婚して、そこに次男の一家が住んでいましたが、20年ほど前に、近くに家を建てて分家しました。

次男が分家してからは、夫と二人で過ごしてきましたが、その夫も、平成26（2015）年の12月、去年の暮れに、病院のベットの上で私の顔をじっと見て、「お母さん、苦労をかけたなあ。ありがとう」と言って、間もなく逝ってしまいました。84歳でした。

私がこの家《や》の人になって、64年。今は、大きな家にひとりです。

今まで、よう頑張って来たと思います。

それでも、大正琴を習ったり、あちこち旅行に行ったり……。習っていた書道も県展に入選しましたし。孫たちは、ばあちゃん、ばあちゃん言うて、大事にしてくれますしなぁ。

今は、ときどきお医者さんのお世話になったり、車で送り迎えして貰って、週に2日、リハビリにも行ったりしとります。それが、このリハビリは帰って来たときには体が軽うなって、ええなぁ、と思うんですけれど、疲れますなぁ。

そんなんで、なんとかかんとか、身の回りのことや家のことは自分でできるし、まあ、こんなもんかなぁ、と思って過ごしております。

終わりに

ご実家も婚家も農家の、長崎喜代子さんが語られた88年の越し方。

実家の農家は敗戦後に一転してしまい、喜代子さんは、やったことのない農業で懸命に家族を守られた。嫁いでからは、義祖父母や義父、義妹のことを絶えず念頭に置きながら、婚家の農業のほか、さまざまな労働に向き合われた。納得できないことや、ご苦労も多い生活だったろうと察せられたが、不満は一切口にされなかった。そして、記憶されている越し方の出来事を年月日まで、すらすら語られた。その克明に記憶されている出来事のひとつひとつは、精一杯に生き抜いて来られた喜代子さんにとって、深く胸に刻み込まれるほどの出来事だったのだろうか。

ご自身で、「よう頑張って来たと思います」、「まあ、こんなもんかなぁと思います」と、淡々と語られる喜代子さんには、もう、苦労はすべて身の内で消化されているのかもしれない。そんなことを思いながらお暇《いとま》の挨拶をすると、「キャベツでも持って帰られますか?」と、道路を挟んだ向かいの畑までシルバーカーを押して行かれた。

若いころから身体を酷使して、働きづめで家を守ってこられた喜代子さんは、肩や膝などの痛みで整形外科に通院されることも多かったとか。その医師の勧めで、80歳のときに両膝の関節を手術されたと伺った。痛めた肩や膝は、うん、と踏ん張って生きてきた証なのだろう。

その身体にも拘わらず、広い畑にはキャベツのほかに、玉葱、葱、青菜などがたくさん植えられていた。なにがあっても手を抜かない、働き者の喜代子さんの暮らしぶりを垣間見た気がした。

聞き書き

ああ、できるんや

久本恵子

話し手：花川洋子《はなかわようこ》（昭和17年（1942）1月生まれ　井原市在住、74歳）

まえがき

関西出身の花川洋子さんは、56歳の頃、長年住み慣れた大阪を離れて、ご主人の故郷である、岡山県井原市芳井町に、夫婦で移り住んだ。

お子様たちは既に独立されて、それぞれ離れて、岡山県外に暮らしておられる。

私が、ある会で偶然花川さんと知り合ったのは、その後、しばらく経って、彼女が60歳の頃である。

出会って14年になるが、ひと回り以上年上の人でもあり、彼女の住まいと、私の住む倉敷は、少し距離があり、会の活動を通して、年に数回お目にかかる程度の間柄だった。

ただ、彼女が、とても深い経験をされていることは、うっすらと知っていた。いい意味で、ずっと気になる人だった。

いつか一度、ゆっくりとお話を聞かせていただきたいと思ったことが、今回の聞き書きのきっかけである。

1．生い立ち

母の死

まあ、遠いのに、倉敷から、よう、いらっしゃいました。どのくらいかかったの。そう、高速通って車で1時間半くらいで。ごめんなさいね、遠くて。

えっ、山の新緑が気持ちいいって。そうね、この季節はきれいでねえ。まあ、ここは、まわりが山ばっかりで。

母・秀代

でも、そうそう、途中に役場もあったでしょう。結構開けている所なのよ。

こちらに座ればいいかしら。はい、どうぞよろしくお願いします。

そうやねえ、私のことで、一番最初の大きな出来事っていうたら、この話を言わないといけないんやけど。

昭和18年、私が1歳の時に、母が亡くなりました。26歳でした。

これは、全然もちろん記憶にはないんですけれども。そう、私が赤ちゃんの時にね。

それで、そのう、母のお葬式の時に、父に召集令状が来て。

お葬式に来てくれていた人は、みんな、(令状が来たら）おめでとうございます、って言わんならん時代だったので、ほんで、みんな、いたたまれなくなって、そそくさとお帰りになったって。叔母がそう言ってました。

母を亡くして。父も、その後、戦地のニューギニアで亡くなって。私と姉の二人を、祖母と叔母が育てくれました。

そう、おばあちゃんいうのが父の母・仲《なか》。

叔母・喜美《きみ》というのが父の一番下の妹で、まだ17か18、20歳（はたち）にもなっていない。今だったらね、まだキャピキャピしているような年なんや、と思うねんけど。

私の姉は二つ年上、昭和14年7月生まれなんですよ。私は早や生まれの1月だから、学年は2つ違いでね。

それで、1歳になったばかりの私と3歳の姉と、祖母と3人の家族のために、はたち前の叔母が働いてくれて。

おばあちゃんは気丈だったと思うのだけど、今、私が年をとってみると、おばあちゃんは、頑張って育てなくちゃというのはね、わりとね。自分が健康さえ許せば、しんどくてもそう思えるかもしれないけど。

まだはたち前の叔母がね、そんなに思ってくれたっていうのはね、今から考えたら涙が出るくらい。「お兄ちゃん（私の父）には、ようしてもろたから」、言うてね。

父は4人きょうだいの長男で、叔母には兄3人がいて、一番上が私の父だったの。他のみんなは、いろいろな事情で、なかなか、私たちを引き取ることができなくて一番下の叔母が面倒見てくれた。大変やったと思う。

物心ついた時から女ばっかりの4人家族やったので。戦争も段々危なくなってくる時期でしょう。

昭和18年にそういう女ばかりの家族になって、そ

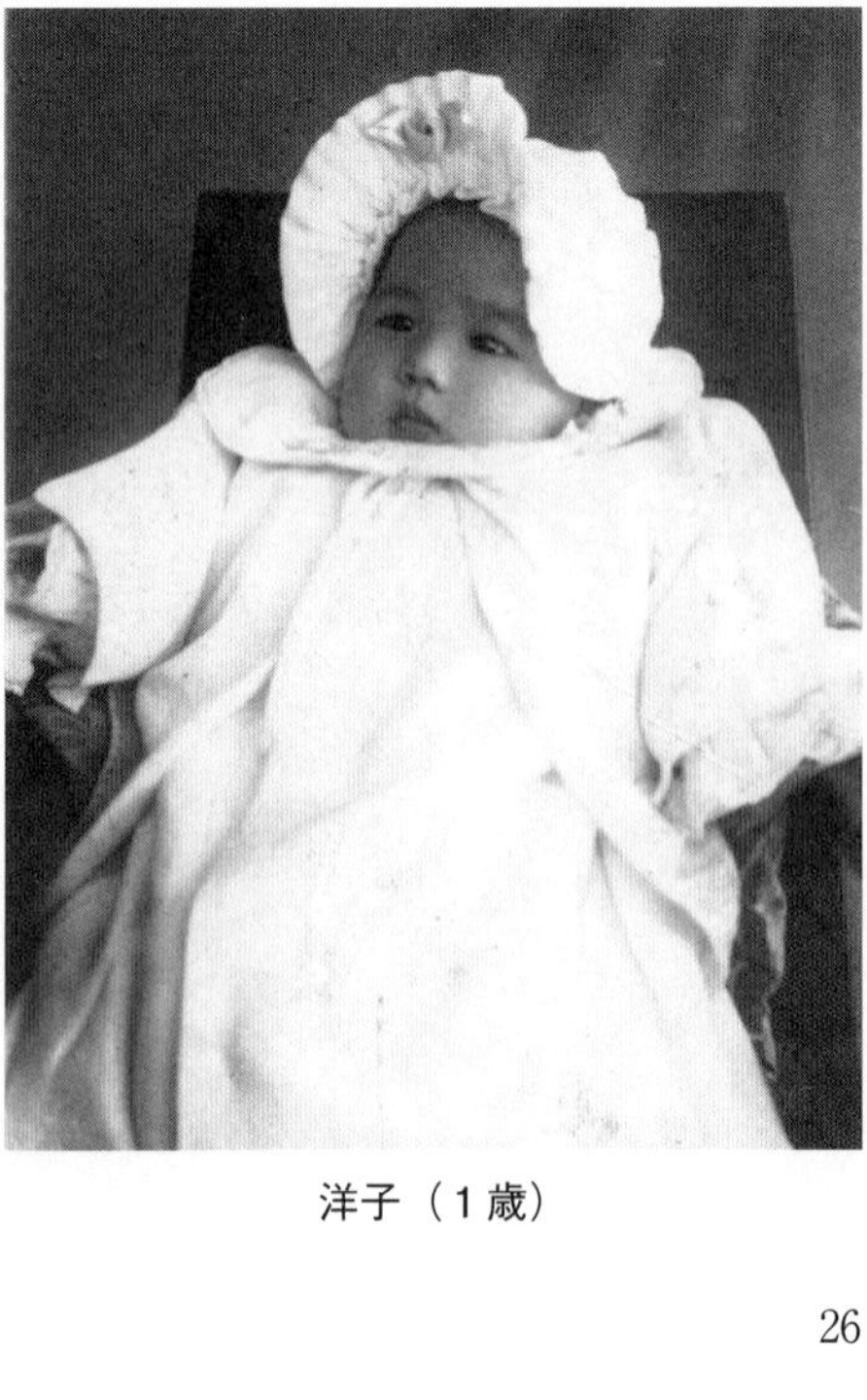
洋子（1歳）

の頃住んでいた大阪の堺は、空襲がバンバン来るようになったので、祖母の実家（当時は空き家になっていた）である、滋賀の野洲《やす》へ疎開してきたわけ。「ぽいとこせ」、きれいな言葉で言うたら、小川やけど、小川というよりは、田んぼの周りに引いているお水、用水路ね、端っこ歩いたらズルっといくような、そういう溝というかね、それを、ポイッと越して、滋賀の家にやってきた。

ぽいとこせ、わりと普通に使われてた。方言かな。あるいは、いろいろな事があっても、ぽいっと越そうっていうことかもしれないけどね、うんうん。

そうね、関西の出身だから、私は関西弁ね。

滋賀は京都を越えて北東ね。でも、祖母やら父が昔住んでいたのは滋賀の大津だったらしいけれど。大津は琵琶湖の南端ね。野洲は、もう少し東の方ね。

父と母の出会い

大津で、父と私の母が知り合って結婚したらしいけど。

えっ、父の名前は、って？　父の名前は、岩倉一郎、母の名前は秀代《ひでよ》です。

母の父、つまり母方の祖父はお寺のお坊さんやったけど、同時に学校の先生もしていた。昔そういうこと多いでしょう。

で、うちの父を、祖父の方が見初めたっていうことらしいね、母よりも先に。将来見込みある青年だって。

このあたりの話は、実は後から、母のお友達が私にお手紙をくれはって教えてくれたこと。

母は、最初は結婚なんてって思ってたのに、なんかえらい変わりようで、次にお会いできるのはいつだろう、と思うぐらい、父のことを好きになったみたい。後から知ってうれしかったね。

そのお友達は、生まれたばかりの赤ん坊の私や若い頃の母の写真を、母から送ってもらって、大切にとってくれていて、私の許に送ってくれたんです。

その写真がこれです。私の母は26歳で亡くなったんだけれど、見てください。ねえ、もっと年上の人のような、大人びた感じだけれども。

昔の写真は、写真屋さんが修正もしてるんやと思うけど、今のスナップ写真とは違うからね。でもね、わりときれいな人だったみたい。

えっ、私の写真のこと？　天使みたいなかわいい赤ちゃんですねって。ウフフ。これも送ってくれはったのよ、母のお友達が。

女学校卒業後のやり取りの中で、写真の行き来があって、その方も、もう亡くなったけど。

そう、それが、赤ん坊の私。きれいな白い衣装にくるんでもらって、帽子も被って。

まあ、1年に1回でも、こうして町の写真屋さんで写真が撮れるくらいの、ゆとりのある家だったみたいやね。

戦争中でもね、うーん、そう思う。

祖母・仲

おばあちゃんの連れ合いはね、なんか遊び人だったみたい。おばあちゃんは、苦労したみたい。ものすごう、気のええ人やけど、株をやったり、女の人をパーッと連れてきたり、お金が入ったら、すぐ皆におごるような人だった。「スッテンテン」って、わろうて（笑って）いたそうな。

でも、私が生まれるよりはるか前に、私の父が結婚する前に亡くなってるの。おばあちゃんは、苦労かけられた夫に先立たれて、でも、それから一人で、4人の子どもを育てた。長男の父を、うんと頼りにしていたみたい。

それで、一番末のまだ結婚前の叔母と、1歳の私と、3歳の姉を連れて、ずっと田舎に暮らしたの。それまでは、実家の田舎でも、おばあちゃんは、「地主のおじょうさん」やったみたい。

そやけど、私の知ってるおばあちゃんは、昔から百姓をしていたんやろう、いうような、いっつも、ほんとに、わかめ、みたいな、ボロボロの、わかめかひじきか、なんか、そのくらい、ボロンボロンの服を着て、いっつも、土にまみれて働いてはった。まだ50代やったんやからね、そうね、自分の身なりに構うこともなく、食べ盛り、育ち盛りの孫たちを食べさせないとね。

父・岩倉一郎

それまでいた堺といえば、町の中で。おばあちゃんは、私の父を、まあ、ものすごう、一生懸命、一生懸命育てはって、父は医者になって。

でもね、お医者さんの勉強って、お金が要るんよね。おじいちゃんは遊び人やし。教科書も買われへんような家やったらしくて。図書館も今ほどね、整備しているわけないから。

友達の本を借りて、書き写して勉強したって。真面目な人やったんやね。そういうところを、私の母の父が見初めたんかな。

勉強熱心な真面目な人。だから、友達から、「貸した教科書はあげてもいいけど、あんたのノートがほしい」って言われたって、おばあちゃんは自慢そうに言ってました。全部、後から聞いた話やけどね。

きれいに上手にノートにまとめていたんやろうね。

叔母の結婚

女ばっかり四人家族で、小学校の途中までは、そうだったのね。

で、まあ、叔母も段々に年齢を重ねまして、叔母が結婚したんだけど。あの、よそへ行くんやなくて、お婿さんを迎えてくれた。

で、その叔母も、こんな、ようけ（たくさん）養わんならん人がゾロゾロいる家にね、貧乏やのにね、よう来てくれはる、ええ人や、言うて涙ぐんでいた。

焼け出されて何もないんですもの。家は、祖母の実家に戻って、あったけど。

でも、その叔母の連れ合いは、やっぱり不満がいっぱいあったやろうね。

私ら、子どもも、いつもいい子でいるわけやないからね。わりと、私はいやな思いが多かった。

最初は、ちゃんと面倒を見てやろう、と思って来てくれはったと思う。女ばかり4人の家に、男の人が途中から入って一緒に住むというのは、やはりね。

家は、昔の百姓の家で広いから、まあ、家具で仕切って、こっちが新婚さんの住む所、おばあちゃんと私ら、子どもたちはこっちへ、ということになってて、ご飯は一緒に食べて。

そうそう、頭では納得してくれてもねえ。いつまでも、私と姉が、言われた家の仕事をちゃんとせんかったり、多分あったと思うわ。それを、おばあちゃんが、かばうから。

親がおらんかわいそうな子や、いう気持ちがあるから、かばうから、それで、余計にうまくいかんところもあったみたい。間に入る叔母が一番しんどかったと思う。

この叔母は、どんな性格の人だったかって？　そうねえ。おとなしい性格で、ちっとも言い返しもせえへんし、「かんにんえー、かんにんえー」って言って。

90歳を超えて、今も元気にしてくれるのがうれしい。庭の草を一本一本抜いて、「雑草が生えてくれるおかげで、私のする事がある。ありがたいわ」と言っている。

ほんでもね、その後、自分たちの子どもが3人生まれて、私らは、その人たち、いとこになるわけ、今も仲ようしてるよ。みんな、優しくて、お父さんにもお母さんにも優しくて、心の中はいろいろあったかもしれんけど。

お父さん（叔父）は、もう5年ほど前に亡くなったけど、昔の人は、めったに離婚なんてせんかったんと違う。夫婦では仲がわるいわけじゃないから。

そやけど、外に出てお金を儲けてくるのは叔父さんだけでしょう。で、叔母さんは、手伝いに行って、ね、茶沸かしとか、そんなんね、大したお金になるわけないし。

おばあちゃんが、近所で仕立物やら、もろうてきて、それをしてくれて。だから、ほんとに、ものすごい貧乏やったと思うの。

でも、そうそう、周りもみんな貧乏やったしね。貧乏で苦しかった、いう思い出がないの。そう思わんようにしてくれたんかもね。

あの時の、道端の草も結構おいしいって食べたしね。

姉と別れて

子どもの頃、私の姉とは、喧嘩はしたかもしれんけど、まあ、後にあまり残ることはないね。

ただ、もう、私たち二人共の面倒をみることは、とても無理やということで、私らきょうだいのどっちか一人を母方のところに引き取ってもらういうことになって。

それで、叔母に最初の子どもが生まれた時くらいだったと思うけど、姉が、滋賀県の大津に、母方の実家に引き取られたの。

そこはお寺で、おじいちゃんは高校の教師で、最後は校長先生になった。退職してからは、お坊さんしながら、公民館の館長さんをしたと思う。そうね、まあ、土地の名士だった人で。

そこへ、姉は行ったの。姉が中学校に入る時にそうしたんだ。私が小学校3年生から4年生に上がる前やね。

今やったら、そんなに遠くないと思う。同じ滋賀県で、野洲と大津って、今なら、電車で30分そこそこだけど。

何しろ、家からバス停まで歩いて20分、そこから野州駅までバスで15分くらいかかるから。行く、いうても、わりと遠いと思ってた。夏休みやらは、姉に会いに行ったりしたけどね。

私の姉は、そういう、大津の、わりと名士の家に引き取られたから、きれいな服を着て、クルクル回って見せたりして、ちょっと羨ましいなと思った。

でも、うちのおばあちゃんの方が、一人は手元においときたかったみたい。

そうやねえ、きょうだい別々に育ったっていうのはね。今でもね、なんか、ちょっと寂しいと思うことがある。そうね、生活環境も途中から違ったし。

姉と私は、二人共小柄で、似ているのかもしれないけれど、姉と私と両方知っている人は、おねえさんってかわいい人やねえ、って言う。

えっ、私もかわいいって？　そうかな。

あんまり似ていないと思う。私は目が細いし、姉はどんぐり眼で、お姉さんはかわいいねえ、ってよく言われました。ウフフ。

2. 学生時代

姉の影響、高校進学

姉は、芯は活発やったと思う。やっぱりね、自分で道を切り開いていく、そういう意思が、すごい強い人やと思う。まあ、結果として、そうなったんかな。

だから、私も、知らず知らず、お姉ちゃんの真似をしていれば、生きていけるんだと思って、高校に行く時も大学へ行くのんも、別にどっからもお金は出てこないけど。姉の時は、どうだったか知らんけど。

それでも、「そんなん、アルバイトでもしたらいいやん、家庭教師でも何でもしたらいいやん」、っていうふうに、姉はあっさり言って。

それで、私も、ちっとも不安に思わなかった。お金出してくれる人あるかな、なんて、全然思わんかった。

私が中学卒業して、義務教育終わる時に、これから、就職するんか、親せきに頼って高校に行かせてもらうんか、いろいろ迷った。

ぜぜ高校、聞いたことある？

膳所《ぜぜ》の近くには、石山寺《いしやまでら》というお寺があって、紫式部ゆかりの寺で、7日間もこもって「源氏物語」を書いたとされる部屋があるの。

それから、昔は、膳所にお城があって、そうそう、その歌よ、よく知ってるのねえ。

「瀬田の唐橋　唐金《からかね》擬宝珠《ぎぼし》　水に映るは膳所の城」って言われてて、美しい景色で有名だった所です。

結局、母方の親せき、姉が先に引き取られている家、姉とおんなじ、大津のお寺に行って、そこから姉とおんなじ高校に行ったんだけど。

中学校の恩師の先生に、「返さんでもいい奨学金を言うてあるから。その代わり、勉強を頑張らなきゃあかんねんで」って言われて。若い先生だったんだけど。こないだも同窓会で会いました。お世話になりました。

それで、高校の最初から、奨学金もらえて、当時としては、学費はそれでまかなえたみたい。

大津のうちは、おじいちゃんは退職していたけど、そんなに貧乏な家じゃあなかったから。食べたり、住むところのお金を払う必要はなかったし。生活費はみてもらって。学費だけ、奨学金で。

そうそう、姉とまた同じ家に暮らすようになったの。私が高校1年生のとき、姉は3年生ね。その当時は、結構よう姉と話したんやけど。

でも、きょうだいがやっぱり別々に育ったっていうのは、ちょっと、やっぱり苦しい経験やったかな。

楽しい高校生活から大学進学へ

勉強を特別にした、ちゅうことはなくて、高校に入れて。結構、学校の勉強はおもしろかった
勉強なんて、誰もそんな好きなわけない、って言われるけど、私は好きやった。

その頃は、いずれは教職に、なんてことは、思ってなかったと思う。

高校の頃は、なんやろ、未知の世界の憧れで、毎日夢中で。小説読んだり、宇宙のことや生物の世界を知るのは楽しくて。授業が終わってからも、その世界に浸ってボーッとしていたくらい。

姉の真似をして、海外文通をするのんに、ラジオを聞いて、英語の勉強をしたり、文通のお金に、切手代が要るから、もらったお年玉やらを大事に貯めていた。

それから、高校では演劇部に入っていたよ。一年の時、先輩の「鶴の恩返し」をしているのを見て、とってもきれいな舞台だなあって思って。

で、入部したんやけど、役にはつかず、下働きばかりして。そうそう、大道具とか小道具とか、効果音の係とか。

最後は、高3の秋、一度だけ舞台に出た。山に捨てられた年老いたおばあさん6人が、いろいろ身の上話をする劇やった。「あんたのおばあさん、涙が出た。よかったよ」と言うてもろうて、お芝居が好きになり

洋子（高校生）

ました。

姉がスイスイと、公立の大学に行ったから。ああ、行けるんや、って思って。

私も、何しろ、国公立でないとお金の面で無理、受験のために遠い所へ行くだけでも、交通費がかかるのでダメ。近くで国公立というと、膳所《ぜぜ》高校は、京大を目ざす人が多かったんですよ。

ほんでね、当時は、何か調べたら、関西圏では、もっとも安く行けるのが、お金がかからずに済むのが、京都大学と、大阪市立大学って。

おばあちゃん（仲）は、ちゃんと就職できるように、ばかり、思っていたんだと思う。「女の子が食べるには薬学部がええ」って。大津のおばあちゃんは何も言わないけど。私は文学部に行きたかった。

もし、あかんかったら、最初にまず就職をして、ほんで、お金を貯めてから、また大学に行けばええくらい、思っていた。

みんな、家がとても貧しかったので、進学は無理だったって言いはるし、そういう人が多かったけど。貧しさには、いろいろあると思うの。

私は、養わんならん人はいなかったわけ。自分の生活さえ、何とかやっていったら、よかったので。だから、そういう貧しさではなかったので。

そういう意味では、私は自分のことしか考えてなくて、それが許される環境だったのね。

姉との下宿生活

大学の文学系に進んだことで、入ってからね、やっぱり将来どうしようか、いうことは、考えました。友達との話にも出るし。

でも、勉強好きやったんやけど、大学入って、何か、ここでほっとして、あんまり勉強せんかったね。ウフフ。

大学も演劇部に入ったかって？ ううん、入らなかった。

大学では、京都大学の演劇部は、私は何か、雰囲気が合わないと思った。

当時、学生運動がものすごう盛んだった時期で、そういうようなテーマばっかりで、あんな難しいこと、私は無理や、って。政治的な色合いが濃い演劇で。政治には関心は持っていたんですけど、演劇としては、私には無理と思った。

奨学金とアルバイトして。

それで、大学入って間もなく、大津のおじいちゃんとおばあちゃんが亡くなって、姉と私と二人共、その家を出たの。別に気まずくなってやないねんけど。

叔父さん（母の弟）がいて、結婚して、子どもが生まれて、ということがあって、やっぱり、ちょっと居づらくなったんかな。うん、それで、出よう、いうことになって。

突然、家を探して、下宿して、二人で六畳一間を半分に仕切って、私と姉と二人で暮らしたの。京都の吉《よし》田山《だやま》のてっぺんに下宿したの。4年間やから、二人共大学生ね。

それでもね、姉も自分の憧れやら関心があることやらで、忙しくて、下宿にいる時は少ないし、すれ違い生活やったかな。大学生ってそんなんやね。

吉田山のてっぺん、よく節分の頃に話題になる、吉田神社いうのがあって。学校へ行くのも歩いて行ける距離やったし、ね。

吉田山は、平安神宮から少し北あたりで、京都大学は吉田山を下りたところ。毎年、節分祭には、全国から大勢の参拝客が来はるのよ。

3．就職して

それから、教員資格を取ってから、大学卒業して、すぐ女子校に勤めるようになって、世界史の先生になりました。

中学、高校と続いている学校で、両方教えました。先生になりたての頃の、高校の生徒は、あまり年も違わないので、一緒に文化祭で仮装行列したりしても、私の方が小柄だし、生徒の方が大人っぽかったりして、だーれが生徒か、先生かって感じやねえ。アハハ。

うーん、あのねえ、でも、楽しいこともたくさんあったけど、やっぱり、これね、私、向いてへんなあ、ということも何べんもあった。

っていうのはね、わりと、真面目と言えば、言い方はいいんだけど。気が小さいのんで。いっつも、授業に行く前は、ドキドキして。

一緒に廊下を歩いてる先生がね、普通にのんびりした感じで、「あのクラスで、今度、何しようかなあ」って言いながら歩いてはるのを見て、「ああ、私も、そういう風にありたいなあ」って思った。

気楽にっていう意味じゃなくてねえ、もうちょっと肩を張らないでねえ、もっと普通に、そのくらい身に付いた力で何でもできればいいと思うんだけど。

次の授業時間のことばっかり頭の中にあって、間に、他のことが考えられへんの。新任の間だけやったら、それでいいのよ。もう50代になって、退職の前まで、そうやった。

教員の免許は社会科やけど、高校で教えたのは、主に世界史ね。でも、世界史をきっちり勉強したことってね、あんまり、自分を振り返ってもなかったと思うの。大学では部分的なことは、うんと詳しくて、高校、中学では、あんまり現代史を重視せんかったと思う。

そんなんやったから、ほんとうにね、世界史は、難しいなあ、おもしろいけど、難しいなあって思った。気球に乗って、地球を上から見て、「この頃アフリカでは」、「同じ頃ヨーロッパでは」って、おもしろいけど。地域と年代と、そう、縦の時間軸と横の地理の軸と、両方で見る。

私は、地理も歴史も好きやったけど、動いている生き物のような地球を捉えるのは難しい。大変な科目やった。

だから、授業の前の準備が大変で。前の晩に勉強したことをあくる日はき出して。学生の時、勉強するのんと、ちょっと違うもんねえ。

大勢の前で、50分の授業を展開せんならん。はじめの頃は生徒は50人くらいだった、段々40人くらいになったけど。そう、大勢の人を前にねえ。

向いてへん

それで、後から生徒に言われるのが、先生が、いっつもおもしろそうに、楽しそうに言ってくれるのが、おもしろかったたって。

何年かしているうちに、自分がわりと上手にスラスラと話せるようになったと思うんのに、そういう授業の方が、生徒は眠たかったたって。アハハ、言われた。わかるねえ、それ。私は、とってもわかる、自分でも、うん。

私は、一生懸命言うたんは、「いや、実は、あの、ちょっと昨日言うたんは、間違ごうてたし、ちょっと訂正するわ。訂正させてな」って、そんな教師でした。

それと、何でも、ものすごう、私はのろまやから、のんきでのろまやから。その時、すぐパシッと言わないかんことが出なくて。ちょっとよう考えてからとか、ね。そんなんがあって。

ちっさい年齢の子ほど、それは、あかんわけやね。ちっさい子、悪いことしたら、すぐパキッと言わんとあかんやん。1時間ほど経って、さっきのことはあかんのんよ、と言っても。

自分は、本当に、ものすごう、そういう面で、向いてへんこともたくさんあるな、って思ってた。

でも、今でも、卒業生と、お付き合いはわりと多いのよ。

家に泊まりに来てくれることもある。この頃、わりと海外に旅行する人が多い。「ボヘミアでフスの像を見てきたわ」とか。

それで、あれも、もっと、先生の授業中に聞いといたらよかったたって、大人になってから、いろいろ言ってくれる、それもあるし。

でも、まるで、関係ないことばっかり、この子の頭に残ってんだわー、って思うこともある。

もう10年も電話したことないのに、突然電話がかかってきて、「せんせえ、春先になったら、道端にいっぱい生えている、おいしい草って、あれは、なに？ご飯何杯でも食べられる言うてた」とか、世界史と全然違う。アハハ。これは、つくしやヨメナのことね。

そういう電話もうれしい。

世界史の授業がおもしろかったたって言われるのもうれしいし、それよりも、と言うとおかしいけど、そういう電話もうれしい。

大阪にいた頃は、近くに住んでいる、かつての生徒が、「ちょっと、ちょっと外に出てみい、せんせえ。虹がきれいやで」って、電話くれたり。それはうれしかった。その生徒が、やっぱり、虹見たら喜びはるやろな、とか思ってくれたのがうれしかった。

まあ、誰が生徒か先生か、っていうところはあったかもね。

最初、高2の担任やから、年も近いし、ちょっと年の離れたお姉さんみたいな感じで。友達みたいに思ってくれたかもしれない。

そのうち、お母さんになって、おばあちゃんになって。ウフフ。

男社会で

結局、結婚をはさんで、子育てもして、55歳まで32年間勤めた。

それで、男性社会という意味では、あまり辛いことはなかったけど。

私のところは女子高校だったし、教師の仕事そのものが、わりと早くから、女の人が就職していた職場でしょう。そやから、働く女性が活躍できる現場だったわけやけど。

ただ、やっぱり、何かうまくいかなかったりすると、「やっぱり、女はなあ」っていうのが、すぐ出てくる言葉であったり。

同じ失敗しても、男の人やったら、「あの人はこういう失敗をした」。ところが、女の人がすると、「やっぱり、女はなあ」になって。個人の責任やのうて、ねえ。女代表みたいに言われる。

それは、いややから、つい、こっちも肩肘張って、肩張って、なんか、有給休暇いうのんも、子どもが病気の時とかに残しとかなあかんから、自分のことでは、絶対休まないって、ね。

だから、退職の少し前くらいになったら、若い女の先生に、「子どもとの時間はすぐ過ぎ去るから、学校の子どもも大事やけど、自分の子どもも大事にせんと」って、それをものすごう言うたわ。

自分の子どもとの時は、そうせえへん、できんかった。

有休は、もしもの時に残しておかなあかんと思っていたら、結果としては、ほとんど使わずに済んでしもうた。

教師の仕事

私は、わりと、自分のホームルームやとか、朝の会とかでは、自分の家庭のことをよう言うたの。

うちの子どもは、ほんとに、もう、そんな優等生やなかったからね。よう、子どもの失敗談も話したりしてた。

それから、「あんたら、電車の中で、学校や先生の悪口言うてたら、あかんで。こないだ、うちの子が、電車の中で、誰かが『1時間目、花川の授業は眠たいよお』って言うてたで、って、ちゃんと告げ口してくれるから」って。アハハ。

そうかと思うと、忘れ物をようする子の、家の机って、大体想像がついて、「うちの子もよう忘れ物するから、忘れ物する人の机がどうなってるか、わかるわ」って。

授業やホームルームでも、私は実感込めて、私の身の周りのことを話した。

男の人でも、女の人でも、そうやと思うけど、自分の生活を大事にして、それは必ず仕事に生きてくるしね。

特に、教師なんて、全部人生が仕事に出てくるから、って、わりと説教くさく言うたりしたね。失敗も、何もかも含めてね。

4．両立

時間は足りない

時間は常に足りない、そうやね。

夫は、あの年代の猛烈サラリーマンで、バブル直前までは、いわゆる大企業に勤めていたから。家事に協力とかはしてもらえなかった。

私は、住む家を決めるのでも、子どもの保育所と職場との、その中間というか、行き来に便利な所っていうのが、一番頭にあったけど。

うちの子どもは息子と娘と、二人共、そんなスイスイ育ってくれて、っていうわけではなかったんやけど。

特に、二人目の娘が、とにかく、夜寝なくて、寝なくて、夜泣きして、「いっぺん、2時間続けて寝たい」

と思っていた。

とにかく、哺乳瓶を嫌がって、私からの母乳しか受け付けない、全く飲まなかったので、大変だった。

小児科のお医者さんに相談しても、「ほんとにおなかがすいたら飲みますよ」と言われるけど、泣き続けるばっかり。水分不足で熱が出るの。いっとき脱水症状になるくらい、ひどかった。

当時、産休はもちろんあったけど、1年間の育休はなかった。あったら、あったで、長く休むことになるのも、しんどい面もあるだろうけど。

私たちの頃から、育児時間として、1日のうち1時間だけ、というのができたの。

大抵の人は、朝1時間遅れて、ゆっくり来る。

私は、お昼前、4時間目の授業時間を空けてもらって、昼休みを含めて1時間半、その間に、子どもを預けている家に行って、お乳を飲ませていた。授乳時間として取ったの。

まだ保育所に入れる前の何カ月かは、個人の人に見てもらっていた。

「はよう、飲み、はよう、飲み」言うて、おっぱい飲ましまして、それで、そうしながら、ウフフ、私もお昼ご飯を食べて。それで、また、自転車で片道20分くらいやったかな、学校に戻った。

哺乳瓶をいやがるって、困ったけど、子どもってありがたいことに、3カ月たったら、離乳食を少しずつ食べ始めるのね。それで、お乳も卒業して。

でも、しまいには、「おいしそう。私もあれで飲んでみたい。哺乳瓶に牛乳入れてちょうだい」とか口で言うて。保育所で。もうあきれた。アハハ。いっぺん、哺乳瓶で飲んでみたかったんやろうね。

娘（長女）は10月に生まれて、翌年の3学期の始め、1月から職場に戻ったんやけど。3学期の間、通ったの。母乳を飲ませるために自転車で、寒い時期にね。しょうがないよね。それは、休むわけにいかないでしょ。毎日。

朝出かける前に、お乳を飲ませて、連れて行って、それで、お昼休みに通って、それで、帰りも、急いで帰らんと、あかんのよ。授業が済んだら、午後4時くらいに、もうね。夕方飲ませないとね。

子どもは、まあ、おおきゅうなるから、ありがたいよね。その3カ月ほどの間、冬やったから、午後4時くらいに帰れた。

子どもの小さいときいうのは、こちらが健康で、そういう面倒くささとか、しんどさをいとわなければ、できるね。

頼りになる娘

この娘は、大人になって、何でも段取りよくテキパキしていいて、結構仕事はできるみたい。私はできない。私ゆずりではない。とっても頼りになるの。

学校の勉強はできなかったけど、仕事はね。ほんとにそう。

なんだか、かわいそうやったと思うのんは、「お母さんが、先生してはんのや」と人から言われるのが、娘にはプレッシャーだったと思う。それは、かわいそうやったような気はする。

でも、娘は「先生の子やから、ちょっとくらい（勉強）できたって、当たり前やん」って言われて、余計にいやになって勉強をしなかった。


仕事はわりとシャキシャキしていると思う。でも、当時は、それくらい、子どもたちには負担をかけたと思う。

クールな姉

私は、子どもが小さい頃は大変やったけど、そんなのは、当たり前と思っていたの。

それに、絶対定年まで、とか、働き続けよう、とか特に思っていなかったけど。それも姉の影響かもしらん。

校長先生になろうと思ったかって？ そんなことは、全然思ってなかった。私、向いていないと思う、それは。

でも、姉の影響は大きいかな。姉は、したいことを、わりとパッ、パッとする方で。

はじめ、中学校の教師してたけど、アメリカへ行って、今度は、ヨーロッパのあちこち行って、そこで、現地語の学校通って、オランダに行った時に、オランダ語が全然わからないから、って、現地の学校に通ったり。

　姉はずっと大人になっても、よう勉強してはったわ。勉強好きの姉やったね。

　姉は健在だけど。今、何してんか、あまりわからない。自分の時間を削りたくない、という気持ちがとても強い人なの。

　だからねえ、よく、女のきょうだいやったら、電話でいろいろお話したりとか、あるようだけど、そんなことは一切なくて。

　たまに電話かけても、「なんか用?」って。ベタベタしたようなことはなく、あっさりって? そうね、全然ね。自分のしようと思うことをひたむきにしてる人だろうと思ってる。

　姉は、そうね、ちょっとクールな感じ、ものすごうクール。特に寂しく思うわけでもないけどね。

5. 芳井町吉井

芳井町吉井に移り住んで

55歳の頃、夫から話があって。母（義母）が弱ってきて、一人暮らしは心配だから、とりあえず、僕が戻って就職口も見つけるって。私は、後から、また来ればいいって。

　どうしても、母親が苦労して、自分たちを満州から連れ帰ってくれたというのが、夫の胸の底にはあると思うの。命からがらというところね。骨が飛び出るほどやせこけて、小さい子どもを連れてだから、それは、本当に大変だったと思う。

　夫から、そう言われて、私は、ちょっと、それほどの心構えができていないからね。1年間の余裕をもらったのね。

　お母さん（義母）が、80代後半になって一人で生活するのが難しくなってからの同居なの。

　世の中にはお嫁さんが、お姑さんとぽんぽん喧嘩してかえって心が通じた、という話もあるけど、それは、向こう（義母）に変わってもらおうなんて、思ってはいけないな、私が変わらないと、と思った。明治生まれのお母さんで、女の人はこうだって思い込んでいるところがあるからね。

夫は大事な一人息子

やっぱりね、夫は、お母さん（義母）には、大事に育てた一人息子なのね、お姉さんいるんやけど、待って、待って、待ち望んで生まれた男の子やから。「うちの皇太子」とまで言っていた。

この子にやったら、どんなお嫁さんでも、もらえたのに。そういう言葉が出て来る。アハハ。聞こえないふりをしてた。聞き流すというか、そうね、聞き流した。うん、うん。いちいちカッカしてたら、こちらの体がもたない。お母さんにとっては、それぐらい自慢の息子なんやね。

夫とは、大学の合唱団で出会って。まあ、なんか、自分に声かけてくれるだけで、うれしかった。

お付き合いいうても、合唱団やから、いつも仲間がいて。結婚までいったんやから。

結婚は、のぼせた若い時にしなかったら、無理かもね。あんまり計算ずくでは、できない。相手の家のことなど、考えない。

後に、百姓するとか、草刈り機を使うとか、その時は考えの外ね。まあ、若さの勢いかな。

今でも、大学が一緒だから、共通のお友達も多くて、合唱団の集いもあるんやけど。混声合唱で、私は、一番低い、アルト、夫はベースね。

えっ、ベースの男の人は、素敵な声の人が多いって？　そうかもねえ。でも、声がどうこうよりも、結婚生活では、話の内容が問題よね。

来年、平成29年で結婚50年になるね。知り合ってから結婚するまでも長かったからね。7年間くらい付き合った。人生の大半、一緒に暮らしてきたと思うと不思議。

お母さんの介護

お母さん（義母）のお世話した時、子どもは、何カ月かしたら、育って、段々手がかからなくなるけど。年取った人のお世話いうのは、違って。先のことを考えるいうのんは、あんまり明るくないじゃない。

お母さんは、こっち側の部屋で寝てて、私はそっち側で寝てて。夫も、交代でいいよ、って言うてくれたんやけど。

夫が当番の時、お母さんが呼んでんのに、グーグー眠ってて、2階の私に聞こえるの。かえって休まらない。上で気になるよりかは、ね、だから、1階に降りて、お母さんの隣で寝た。

オムツを嫌がるからね。大変やった。

それで、よくこの頃、認知症って言うけどね。ほんとに、わからなくなったり、わかったり、もう5分おきに変わるのよ。

それで、よその人が来はったら、しっかりと対応して、意外としっかりしてるって言われる。

はい、って言うけど、そうでもないよ、って心で返してた。

よその人と話す時は、社会的スイッチが入るのかねえ、お久しぶりです、とか、ごく普通の話をして、でも、その人が帰らはったら、あの人、誰じゃったかなあ、って言う。ウフフ。私も、そうなるかもしれないけど。

ほんとに、まだらになる。自分は、子どもになる。お父ちゃん、お母ちゃんって言うような、子どもやと思っている時もある。

私がお母ちゃんになったりね。そういう風に思うこともあるし。呼び慣れてはるから、私を、洋子さん、洋子さんとは言うてくれるの。ところが、洋子さんは、誰やわからへんの。

でも、夫が隣にいたらね、「はよう、あの子（私の夫）にも、ええ嫁さん、もろうてやらないかん」って、「いや、嫁さんは、私、私」って、言うの。アハハ。

いろんなことが、ごっちゃまぜになって、わからなくなるのね。

60歳過ぎの息子（私の夫）が、中学生くらいの、やんちゃ坊主になったり。自分が小学生ぐらいになったり、私が、お母さんになったり。いろいろ、いろいろでね
まあ、笑い話の時はいいけどもね。

例えば、オムツを替えたりするのは、とっても嫌がっ

て。なんで、このオバサン（私）は、自分の下着に手を突っ込むんやって、ものすごい嫌がって。

夫も一切しないということはないけど、一応、介護の中心は私やったね。知らんおばさんみたいな私、つまり嫁さんの方がいいのかもね。

自分の父母は早く亡くなっているから、知らないでしょう。

でも、自分の親やから、とか、姑さんやから、とか言うよりも、若い世代、次の世代が、先輩の世代のね、お世話を順番にするようになってんや、って、そう思った方がいいなあ、と思って。

だから、家を譲るやとかね、仕事にしても何にしても次の若い人たちの誰でも、というか、心の通じる人が受け継いでくれたらいいな、と思う。世話も仕事も、そう思う。

ああ、できるんや

支えになった言葉って？

そうねえ。なにかなあ。私って、熱しやすく、冷めやすい。その時には、そのことばっかり思っているけど、もう忘れてる。いろいろあっても、すぐ忘れる。

うーん。それで、どうにか、やってこれたのかなあ。

そうねえ。いろいろな人にお世話になったけど、姉の生き方は、「ああ、できるんや」って思えたから。やっぱり、姉の影響は大きいね。

姉は、今は、大阪に住んでいる。大学教授をしてたんやけど、少し前に定年で、今は、もう読書三昧かもしれん。

私も本は好きやったけど、目が弱くなって、思った

洋子近影

ほど、読めない。

字が小さいと、読む気がしないねえ。今は、もう、大きな字でないと。眼鏡なしで読めないと。

今の暮らし

55歳で中途退職して、56歳でこっちに来た。

大阪から、この芳井町吉井に移り住み、全く新しい生活が始まったの。

私ねえ、辞めて、こっちへ来るのには、ものすごう悩んだり、迷ったりしたんだけど。

でもね、私は、のんきというか、結構環境に同化していくというか、元気なうちに、新しい生活始められてよかったな、って思う。

芳井町吉井ね。井原市芳井町は、とても広い。自動車で端から端まで1時間かかるのよ。

ほんとに、こっちに来て、草刈り機持って、使えるようになろうか、なんて、思えるようになって。

学校という組織で長年仕事して、いろいろ経験したけど、全く違う暮らしね。

こちらで、いい出会いもたくさんあって。

けやき、欅《けやき》の杜《もり》の、森づくりに関わっている人たちとお友達になったことやとか、植えた木が育っていくのを見ることとか。

今は、あそこまで、自分のバイクで山まで行くのが、ちょっと大変。天気の条件のいい時だけ。

買い物は、近くの芳井マーケットやＪＡの産直市に行く。お魚とか買いに井原まで行く時は、主人の車で。

これもいつまで続くかわからんけど。

「語りの会わわわ」

「語りの会わわわ」にも入っているの。

第一人者の、そう、立石憲利《たていしのりとし》先生に教えてもらって、語りをする、土地の民話とか伝説を、覚えて語り聞かせる会に入っています。

井原や近くに住んでいる人たちと一緒の会で、まあ、頭の体操やね。覚えて、というよりは、昔話や地域の伝説を子どもたちに語り継ぐということ。

あしたも行くんよ。小学校に。朝が早いんよ。午前

８時までに。授業の始まる前の朝の会、いうのんで。だから、15分以内で全部終わってしまうわけ。おはようございます、から始まって。

　小学校や幼稚園の他では、デイサービスとか。

　この会に入れてもらって、自分で入りたいと思って、入っているんやけど。

　今度、水曜日、誰か行ける人いるかな、とか、大勢の人を相手にホールなんやけど、と言われたら、私行ける、私も行けるって、積極的ね、皆さん。これまで、教師の会でも、そんなことはなかった。

　年代は、30代から、70代まで、私は上から３番目くらいね。私の体の調子が、ようない時、２カ月ほど休ませてって、言っても、いいよって言ってくれて。

　あら、まあ、もう、こんな時間。

　まだまだ、聞きたいって。それは、どうも、ありがとう。こんな話でよかったのかしら。

　そうやね。今は、主人と2人暮らし、毎日2人でずっと、ね。あと、犬のスミレちゃんも一緒です。10歳の女の子です。

　この家は広いから、まだね、大丈夫、畑仕事もあるし。夫婦で、狭い部屋でずっと顔を突き合わせないといけないと辛いわね。ウフフ。はい、何とか、仲良く暮らしています。

　じゃあ、気をつけて、お帰りくださいね。

　ありがとうございました。


（終わり）

話し手　あとがき

自分では、平凡な人生だと思っているので、久本さんから聞き書きさせてほしいと言われた時、一度は、お断りしようと思いました。

　会の会報誌第４号も読ませてもらったけれど、皆さん、立派な方ばかりで。私は、特別お話するようなことは何もないので。

　ただ、２０１４年秋に、思わぬ病気と言われ、大きな手術を受けました。

　今も万全ではないけれど、ほぼ回復して落ち着いています。それ以来、ああ、限られた時間なんだなあ、と強く思うようになって。

今までなら、尻込みしていたようなことも、何でもしてみようか、今回せっかく言ってくださるなら、私でよければ、聞き書きしてもらおうか、とお受けすることにしました。

まとめてくださった文章を読んで、あら、私、こんなことまで喋ってしまって、と少し恥ずかしいような気もしますが、私も結構頑張って生きてきたんだなあ、と思えました。

聞き書きしてもらって、ありがとうございました。


（花川洋子）

あとがき

乗り越えて、とか、歯を食いしばって、とか、いう表現は、どうも似つかわしくないというか、浮かんでこない。

はんなり、ふんわり、穏やかな笑顔の女性。

ゆっくりとした、柔らかい関西弁のお話ぶりが耳に心地よい。

今回、五月晴れの午前、ご自宅におじゃまして、途中1回休憩をはさんで約100分間、じっくりとお話を聞かせてもらった。

子ども時代、質素な生活ながら、父と母がいて、両親の元、家族の中で守られて育って、私は、そういう子どもの一人である。

しかし、花川さんは違った。当時の時代背景から考えると、彼女と同じような過酷な経験をされた方は多かっただろう。

おそらく、私には想像もしにくいような幾多の困難にも遭って、その時は、さまざまな葛藤もおありだったかもしれないが。

熱しやすく冷めやすいの、と、ほほ笑みながら言う花川さん、何事も、さらりと受け止めながら、流しながら、芯にある、きれいな心を守って、ずっと生きて来られたように、私には思える。

働く先輩女性としても、長年働き続けられた経験をお持ちで、深い人生経験と共に、物事を見る目は的確で、確固とした人生観、哲学も控えめながら語ってくださったと感じた。

特に、慣れてきた頃の授業が、かえって生徒さんたちには眠かったなんて、ちょっと笑えるけれど、なかなか示唆に富んだエピソードだと思う。大いに参考になった。

いずれ、私も、こんな風に優しい雰囲気をまとう人になれたらいいなあ。

どちらかといえば、かちゃかちゃとして、オッチョコチョイの私は、素直にそう思った。

花川さん、ありがとうございました。

以上

聞き書き

父の記憶

正保潤子

話し手：父（昭和10年生まれ、81歳）

アルツハイマーと診断されてから、父の変化が著しい。一番心配なのは感情の起伏が激しくなったことだ。すぐカーッと頭に血がのぼる。大抵は周囲の会話についていけなくなり、自分だけが理解できない状況になると、思わず大声を出す。「なんで自分らだけでわかって笑うんじゃ、こっちはなんのことやらわけわからんが」というような調子だ。

しかし自分のペースで話をし始めると実に穏やかな父に戻る。

父は日常、なにかをきっかけにしてふいに記憶がよみがえることがあるのだろう。日頃は同じ話ばかり繰り返す傾向があるのだが、時折家族の誰もが聞いたことのない話をすることがある。

先日の鳥取地震があった直後がそうだった。少年時代に体験した、※地震の恐怖を思い出したらしい。今回の地震の折には父は昼寝中で全く揺れに気付かなかったのだが、目覚めてからテレビのニュースを見て思い出したようだ。

話を聞いて帰り際、玄関先で父が言った。「また話を聞いてつかあさいな」

薄れゆく父の記憶を今、聞いておこうと思う。

◇戦時中の地震

なんかその当時は地震が何回もあったからなあ。小学校の頃。戦争中にな、地震が続いとったんよ。寝とる間にたたき起こされて外に出たこともあったし、真昼間にもあったし、よう地震があった。

じゃから、子どもの頃に地震恐怖症になってな。ちょっとでも揺れたら寝とっても目が覚める。そりゃなあ、怖いことが身にしみとったわ、いつ家が倒れるやらわからんが。

夜中、午前2時頃「地震だあー」って言うて起こされて裸足で外に飛び出してな。裸足で出てるから、すぐ地面に足が接しているわけで……そしたら地震の波がゆっさゆっさと足の裏を人の手でわざとくすぐられているような妙な感触があった。地がまさに動いていることを、身をもって体験した。

地震はほんと怖い。うちの農業用の倉庫があって、わりあい大きな建物じゃったんがね、バッサーと倒れた。

大きな地震があったあとも、余震が何回もあるからな。おばあちゃん（父の母）は、庭に飛び出した時に転んで骨折した。一度地震で怖い目にあったら恐怖症になってな、小学生の頃はちょっと揺れてもぱっと目が覚めるようになった。

妹尾辺りは元々海じゃったから地盤がゆるい。地盤が悪いからな、地震になったら泥海《どろうみ》になるんじゃ。って言われてな、それは地面が液状化する言うことじゃけどな、その頃はえらい恐れさせられていたからな。小学生の時は地震がしょっちゅうあったなあ。

◇農繁休暇

でな、小学生の上級くらいになったら、農家の手伝いをしようたん。戦時中は「一億総動員」で、遊んでるわけにはいかんから、農家に手伝いに行く。それを「勤労奉仕」いうて、子どもも労働を奉仕して農家を助けた。農家の子はもちろん自分とこの手伝いをした。

で、一番忙しい田植えの頃には、学校の休みがあって、それを「農繁休暇」いうてね。まとめて何日間か休みとってな。その代わり夏休みの日数が減るわけで、それをとりょうたら勉強できんから、夏休みの日数の内、10日なら10日をそれにあてとった。

戦争中は一億人の何割かの男性は軍にとられているからな。農家の働き手がなかった。その穴うめするために、子どもも集団で農家を手伝いにいかないといけなかった。自分は「あんた方《ほう》の田んぼを手伝いしなさい」言われて自分の水田を手伝った。

農繁休暇いうたら、小学校4年から上でな、そりゃあ遊ぶ休みじゃないんよ。

小学校1年2年3年くらいまでは体力がないからなあ。今で言えば中学1年2年かな、小学6年の上に、高等小学校いうのが2年あって、そこらはもう働き手でな、必ず農家の応援に行かされた。それで戦時中も農家は田植えをして育てて、稲ができて収穫して、米もなんとかできとった。

◆コーヒーの味

そんな戦争の時代言うてもな、コーヒーは子どもの時分にあったわ。

年上の従兄なんかと天満屋なんかに行ってな。面白半分に「コーヒーは苦いんじゃあ」言うてな。子どもは嫌う子が多いじゃろ。けど俺は飲んでもそう拒否感は無かったなあ。なんでこれが苦いんじゃ、美味しゅうねえんじゃ言うんじゃろう。とな、思ったのはいつ頃じゃったろうか。戦争中じゃったからなあ。せえでも幼稚園あがる前まではそんなに激しくなかったから、天満屋は自分の親よりも親戚のおじさんおばさんによう連れて行ってもろうたよ。

それが行けたのが幼稚園から小学校1年生の頃ぐらいかなあ。戦争が終わったのは小学校4年、10歳の頃じゃったから、戦後すぐには天満屋は無かったからな。空襲でやられたよ。戦後に再開したんじゃけど全体が再開したんじゃなく一部再開したりしてな。始めは小規模から、だんだん元に戻ったわけじゃ。

その時分には「天満屋が開くんじゃ行こう行こう」と言ったりした時期があったわけじゃが、そうじゃなあ、中学の時は前段階じゃったな。高校の頃にはもう元に戻っとったなあ。

◆お城に通う

高校に行きょうる時は、岡山駅から朝日高校に行きょうたからなあ。電車通りを通ったから、せえで天満屋辺りを通ったりしてな。細謹舎とか書店があったからな。学校の帰りフラフラ寄り道したりしてな。高校の時には岡山の街はほとんど回復しとったからなあ。

復興は早かったなあ。朝日高校も最初はお城に行きょうたからね。知っとる?お城に校舎が在ったんよ。

あそこまで行くのは岡山駅から電車通りをまっすぐ歩いて行って、内山下小学校の東を歩いて旭川に出るじゃろ。川沿いをぶらぶら歩いて行きゃあ自然に学校に入るわけじゃ。

せえから今度2年生じゃったかな?国富に学校が変わって、電車通りから内山下の方へ行き、中銀の方へずうっと行って、相生橋を渡ってな。徒歩で行ったら何分かかりょうたか、だいぶん時間がかかりょうたよ。友達同士で歩きながら行って、単語帳持ってな、歩き歩き英語の単語を憶えながら行ったんじゃ。

その前段階はお城の校舎で、昔の一中のあとが朝日高校になった。どっちも歩いて通うたよ。そりゃお城の方が断然近い。市電とかは動きょうたよ。せえでもお金がかかるし、歩く方が健康にもええよ。

岡山駅からずっと歩いて榊原病院の前を通って、そしたら自然に後楽園側に出るじゃろ。そこからお城に上がる道へ行くからな。ほりゃあお城の跡じゃから、毎日石段を上がってな……天下を取った気分になる。

もっともまだ戦後の整備されとらん焼け跡じゃからな。校舎は平屋建てが中心で、2階建ての校舎もあったけど、お城の上の段にな、校舎が並んどった。

ほんで、降りて下の段に化学の教室だとか特別な教室が下の方にあったりして、理科の時間や化学やこうじゃったら、お城の階段を下に降りてその教室に行ったりしてな。だから朝日高校は結構楽しかったよ。向こうに見えるのは後楽園でしょ、旭川はいつも見えるし、アベックも沢山見えるしな。愉しかった。環境に恵まれとったし。

国富へ学校が移転した時には引っ越し作業もさせられた。駅から通う距離が更に距離が延びたわけじゃが、そんなに歩くのが大義じゃな。って思ったことはなかったな。歩きながら単語帳丸暗記できたしな。国富も良かったよ。自然に囲まれて。東山から続く操山があってな。体育の時間に山へ足を延ばして歩いて帰るとかいうこともやったりしょうたけどな。

お城の学校の写真なあ、見たことないんかな、写真があったんじゃけどなあ。無いなあ。

修学旅行の写真? ないわ、修学旅行は高校の時はなかったわ。朝日は修学旅行は全然ない。あの頃は女子の家政科みたいなのが女子だけで行ったんじゃないかな。

先生に「君らはどうせあと大学に行って社会に出たら、日本全国どこへでも行って、海外へも行ったりするようになる。だから高校の時に修学旅行に行く必要はない」とこう言われた。

でも修学旅行は小学校、中学校にはあったんじゃがな。

◆小学校の修学旅行の話

小学校の修学旅行は宮島。広島の焼け跡を見て宮島に行って宮島の旅館に泊まったんじゃ。旅館にな。そりゃ原爆は昭和20年で10歳の時、それから2年後の12歳小6の時、宮島行くのに広島行ったらそりゃ自然に見るが、焼け跡を。広島の街を通って宮島行かにゃ行けんもん。

で、修学旅行が復活したのが我々の時からじゃ。じゃからみんな喜んで行ったわけじゃ。ほしたら焼け跡も見れるじゃろ、本当の修学旅行じゃ。子どもじゃけど興味があるわ。そんでもほんまよう修学旅行行けたんじゃ。修学旅行が復活して第一回目じゃった、じゃから調度まんがよかったんよな。「修学旅行行けるんじゃ言うて、みんな喜んで行ったわけじゃ。

宮島の駅までは鈍行列車でのんびり行って、宮島で今でも有名な亀福旅館、そこに泊まった。

その当時は、まだ食糧難でな、リュックサックに米下げて持って行ってな、旅館で炊いてもらった。ほりゃ何を食べさせてくれるんか楽しみに思うたら、しじみ汁でな。おかずは地元のお魚じゃとかで、あの当時宮島に穴子なんてそんなものないわ。まあ海のそばで良かった。みんな満足してな、食べたなあ。

宮島の紅い鳥居の御宮を見て、それから裏の弥山《みせん》に登って展望に上がるわけじゃ。ずっと上まで歩いたら、大きな石があったりしてな、弥山の上からの瀬戸内景色見て、感動したよ。6年生じゃから、そこまで登るくらいのみんな体力はあるからな、「ああここに来て良かった」って、思えたな。当時としちゃあ、そこまで行けたいうたらほんま御の字じゃ、弥山の眺めは感動したなあ。弥山には行ったことあるん?

それこそこの目でみられたんよ、ええ旅行じゃったよ。本当に良かった。

一泊二日で宮島行って、広島市内を見学してな、説明聞きながらなあ……市内電車から見る風景は焼け野原じゃった。そりゃあもう4年の頃じゃったから、まだ2年目やろ。まあ市民生活はなんとかできて、学校生活もなんとかできてたんじゃろうけど、店とかほとんどなかった。ほりゃ大きな建物は残っておっても黒こげで、銀行とか営業はしとったんかなあ。市内は十分整備されてない、車が通れる大きな道は一応整備されてるけど、あとは道の両側いっぱいに、瓦礫が沢山あったりしてな、まさに焼け跡じゃ。広島の焼け跡の惨状いうのは2年経ってもまだまだじゃし、街の整備も十分じゃなかったなあ。

原爆ドーム?　見えた見えた。市内電車の窓からな……あれを見とったから、広島の街がいかに復興したかがようわかるわ。広島には縁があったからなあ。不思議だ。

しかしよく行かせてくれたなあ。そんな機会がなかったら子どもには見れんもんよ。テレビで映像が流れるわけでもないしな。せめて活動写真のニュースくらいでちょろっと見せてもらえるくらいでな。

お土産は何買ったかなあ。宮島でな、鹿もおるし、鹿煎餅売ってたなあ。土産物屋で竹細工があったなあ。そいでもそんなお土産を買える時代にさしかかっておった。だから、皆嬉しかった。みんな嬉しいばかりで行ったなあ。いい旅行じゃったよ。

エピローグ

家族が知らない家族の物語がある。

人は家族だからと言ってなんでもかんでも話さない。過去に経験したことを敢えて話さないまま家族は同じ家に暮らし、時だけがどんどん過ぎてしまう。

私が聞き書きを始めたきっかけは、伯母が女学校の頃広島の原爆投下の翌日に、広島の焼け野原の街をさまよった事実をカミングアウトしてくれ、その貴重な体験を記録しようと思ったからだ。そしてその時に併せて、母の話も聞いた。戦後3年後の広島市街地の焼け野原にバラックの家を建て、兄弟だけで暮らした話だった。

そして今度は父の話を聞き、同じような内容の話を聞くつもりは全く無かった。まさかの展開だった。

父が広島の修学旅行のくだりを話した時、しきりに「広島の街には縁があった」と言っていたのは、大人になって広島生まれの母と結婚したからである。

私の家族に、少年少女の頃、原爆が落ちて間のない広島の街を、リアルタイムにこの目で確かめたという共通項があったとは……。聞き書きを通して家族のつながりを新たに知った。

父親が今回何度か口にした「不思議だ」という言葉が物語るように、人は人生において誰と出会い、誰と共に生きていくかは本人にさえわからない。

母と出会った運命を、修学旅行の話を語りながら父はしみじみ感じていたようだ。

見えない家族のつながりが、今回の聞き書きによって浮かびあがった。聞き書きの不思議な力を聞き手側も感じることができた。

※鳥取《とっとり》地震《じしん》は、第二次世界大戦中の１９４３年（昭和18年）９月10日17時36分54秒に発生した地震。震源地は鳥取県気高郡豊実村（現・鳥取市）野坂川中流域（北緯35度28・3分、東経１３４度11分）。Ｍ７・２（M_W ７・０）。震源が極めて浅く、鳥取市で震度６、遠く瀬戸内海沿岸の岡山市でも震度５を記録した。１９４５年の敗戦前後にかけて４年連続で１、０００名を超える死者を出した４大地震（東南海地震、三河地震、南海地震）の一つである。（ウィキペディアより）

聞き書き

根限り働いて、人の世話ばかりして、自分は一人で寂しく死んでいくのだろうか

人見裕江

話し手：上田喜美子（昭和29年生まれ　津山市在住、62歳）

まえがき

ある日のこと、聞き書き人の会のことをラジオで聞いたという上田さんから、聞き書き人の会の事務局に電話が入った。

「何か特別な人生話ができるわけではないんだけど、ただ身体がぼろぼろになって、がんになって、命がもたないと言われた時に自分は何のために生きてきたのかなあと思って。いじめもあったし、人の世話ばかりして、自分は一人で寂しく死んでいくのかと思ったら、何にもいいことなかったなあと思って。自分が、これまで、どんな風に生きてきたかということを残してもらえたらなあと思って、私のことを聞いて書いてもらいたいと思って、連絡させてもらったの」と。それをきっかけに、津山に、お話を聞きに出掛けた。

孤独死ではないんですかね

「こんなからだになって、ふらっとして立っていられないの。ご飯を炊いて、おかずは宅配してもらって、生きているかどうかの確認をしてもらいたいとお願いしているのよ。月、水、金の週三回ね。今日も来てもらって、いまでは、それが楽しみなんです。

届いたお弁当を二日で食べる。いつまで続くんかなあと考えてしまうわ。死までの時間がわかればいいけれど……。とにかくずーっと忙しくしてきたから、ちょっとのんびりという感じかしらね。

いじめ

こどもの頃はともかく引越しが多かった

福岡出身なんですよ。とにかく引っ越しが多くてね、ほいで、この県北の、津山の、鏡野に小学校の6年の時に越してきて。大家さんが亡くなって、またその近くに越して、鏡野町の町営住宅に入れることになって、ここは長かった、長いといっても結婚するまでここに住んでたわ。高校から二十二歳の時までだったわ。

顔に大きなやけどの跡が残っているんだけど。

あの時、いっそのこと、死んでたらよかったのにと、何度も何度も思うことがあった。

あの時というのはね。女の子ができて、父親がすごく喜んで、お風呂にも父親が、男湯に連れて行っていたんだって。

ある日、兄ちゃんが寒いから新聞紙を燃やして温まろうといって、火を燃やしていた。小さい私がふらついたのか、その火の前に行き過ぎたようなんです。私が燃えているのに、父親の同僚が気づいて、慌てて水をかけて火を消してくれて、何とか命拾いをしたらしいの。

お前らぜったいに許さんと父親が怒ったと聞いている。私は、やけどで、口が開かないから、みかんの缶詰をスプーンで飲ませてもらっていたのを覚えてる。

顔に、お化粧で隠そうにも、すぐわかるような大きなやけどの傷跡が残っていた。

あ、げーが来た。化けもんがきた。おまえがつい だ給食なんか食べれんといって。

今だったら、いらんのんじゃあなといえるけど、その頃は、胸にためこんでいてね。

それに、どういうことになっていたんか分からないんだけど、給食費を払うのが遅れるんですよ。先生が、給食費を払う頃になったら、お前給食費を払ったかといわれて、そう言われたら、つかえてもう給食が食べらなかった。先生にまでやれたなあと思って、私は前には出ては行けんのんじゃなと思うようになって。

一番びっくりしたのは、中学校の卒業の時、サイン帳にみんなで一言ずつ書いていたでしょ、その中に、「「二度と会いたくない。次に会うのは、あなたの死亡の通知が来たときでしょうと」書かれていたことです。

高校は、女子高に行ったんです。楽しくって、髪を赤く染めて、ヤンキーのお姉ちゃんは、スカートを長くして上着を短くして、その人の方がやさしかった。

そんなある日、ストーブを囲んでいて、じっと私を見ている女の子がいるんで、何かなと聞くと、聞こえないような小さな声だったけど、「きたない顔して」といったので、みんなシーンとなった。女子高だからないと思っていたんだけど、やっぱりあるんだなあと思った。

その時、私はほんとにもう、死にたいと思った。私なんかおってもと思って、タオルで首を絞めてみたり、ナイフで、顔を剃る、鏡を見ていて、記憶が無くなって、宇宙飛行士のような、霧がいっぱいで、口元から霧がなくなってて、フット気がついたら、手首にナイフを置いていた。

二人の姑との出会い

最初の結婚

友だちが皆んな結婚して、私も遊んでいる場合ではないと思って、お見合いして、三人目くらいだったかな、気が合って、……仲人さんが保険しているおばさんだったの。せかすので、二か月くらいで結婚してね。高校の頃からそのおばさんが永久就職しなさいといってたね。

アパートに、二人だけでアパートに入って、暮らしていて、

二十四歳の時に流産して……

夫の家の二階に、建て増しをして住むところができたので、一緒に住みだしたんはいいんですけど。姑は、すごい元気な人で。百歳ちょっと前くらいまで生きていた人なんですから。もうちょっとで、百だったんですよ。

姑に、「近所の嫁は五時には帰ってくるのにと、よーく怒られていた」

夫は、津山の市場に勤めていて、朝六時から三時の仕事でね。

私は、コツコツする仕事が苦手なんですよ、同じことをするとかね。からも良かったので、力仕事をずっーとやってきてて。で、その間にも、実家の母が、病弱だったんで、会社に用事を電話してくるんですよ、帰りに買い物をしてきてくれとかね。

家に帰るのが当然おそくなるんですよ。よその嫁さんは五時には帰って、ご飯作って食べてるから、そこの姑はそれからうちに遊びに来るのにと、よく怒られてね。

七時に仕事を終えて、それから買い物に行って、奥津の近くなんですよ。だいぶ遠いんですよ。原付きで走り回っていたので、五時に夕飯なんてとんでもなかったわ。

夫の家族は、料理は何品も作らんといけなかった。一つずつ出していたら、すぐに食べてなくなるので、何品も作っておいて、まとめて出すようにしていたわ。

突然の姑との別居

二九歳の頃に、「おめえ、あした引っ越しする」ばあさんとお前のことで言い合いになったから、アパートも見つけてきたからというんですよね。

それでも、姑は、戻っておいでというので、炊き込みやおでんをしたら、よく持って行っていたわ。

こんなこともあった。

ある日、千葉にいる妹から電話が入って、「お母さんが電話しても出ないから行ってみて」と。

すぐにバイクで駆けつけたんだけど、鍵をかけていて、どこも開かなくて、眠剤を飲んで寝てたんですよ。姑は眠れないからと、眠剤をよく飲んで寝てたんですよ。それで、「どーしたんて?」て、きょとんと目を覚まして、ということがあったんよね。

そのころから、夫は暇を持て余し、べろんべろんに酔っているので、私がバイクに乗って、姑をよく見に行ってたもんですよ。

その日も、「あんたは飲んでるから来なくていいからといって」私一人で、バイクで行ってたら、主人が車で来て、びっくりしました。よー無事に帰れたんだわ。

こどもの死産がきっかけで夫の泥酔がひどくなった

三十歳前で死産して、あっこは、四人兄弟だった、姉、兄、夫、妹と。

お姉さんはともかく意地の悪いことをいうんですよね。「あんたは、一生、姑にはなれんわ」とかいわれて。うっときてたときに、姑が「そんなことをいうもんじゃない」といってくれて、うれしかったこともあったわ。

それで、医者がいった。あきらめろと夫はいってたわ。でも、子どもはやっぱりほしくてね。

そのころから、夫のお酒がものすごくひどくなった。仕事にもいかないで、べろんべろんに酔って、会社の人に相談したことも、何度もあった。

実家の方の看病にも駆り出されて

そのころ、父親が結核で一年くらい入院して、母親と待ち合わせ一緒に病院に行って着替えさせたり、夜だけ食べさせてくれと言われて、母親と毎日病院に行った。

もともとリュウマチがあってね。リュウマチがひどくなって、整形外科に行くようになって。一年ほど入院してて、通院するようになったわ。

兄嫁は、意地悪で、自分の親のことは、そちらで相談してやって頂戴と、一切、手を出さなかった。

父から「お金出すから車の免許を取ってくれ」と言われて、三六か三七歳になってたと思うけど、車の免許を取って。

免許を取って早速、走りまわされてたというか、二人を乗せて病院に行ったり、買い物に行ったりと。当然、自分の時間はなくて、もう、両方のおやのことで、あちこちしていたわ。

でも、そのころは、ちょうどよかったというか、社内食堂に勤めていて、昼で帰るときと、六時で帰るときと交替してやっていた。

昼で帰るときには、ご飯の用意をして、親のところに行っていたんですけど。六時に帰るときには、調味料を持って行って、市場で買い出しをして職場にいって、夜のおかずを買って、親のところに行くんよね。休憩時間はあってないようなもので、鍵をしめて、料理をしてたんよ。

家の人の、晩ごはんの用意をして、きっちり六時には帰れるようにしていたの。六時までの仕事だから、それまでに仕事をきちんと済ませてね。

まっすぐに、実家に帰って、母を乗せて父のところを行って、母親がご飯食べさせたり、着替えさせたり、とにかくコーヒーが好きな人で、赤ちゃんのように、コップにチューブをつけて、いつでも飲めるように、ベッドのそばに吊り下げておくようにしといた。そう、六時から八時に行くようにしてたのね。

私一人が働いて、実家の方の看病に行って、終わってやれやれで婚家先の家に帰ったら、母はご飯を食べとらん、主人はべろんべろんになっているしでね。

父が入院していたのは津山療養所という病院でね、母は、病院の待合室で横になって待っていたんだけど。あるときには、付き添いのベッドに寝ていて、どーしたんていうと、めまいがして、メニエルだと言われたこともあった。

私の親、両方が入院してるというときもあった。そんなときは、二人分の着替えをさせて、食事をさせるということになったの。

父親はね、結核は一年くらいでよくなったの。

何か月かして、クリニックで倒れたんよ。それから、前立腺がんの骨への転移ということがわかって、病院で、入院するように言われたんだけど、「わしゃ帰る」といって、車に乗ろうとして、「足が上がらんと」いうので、足をそーっと、持ち上げようとしたら、「いたい」「足が上がらん」「痛い、折れとるような」といって、また、母親を呼びに行って、そのまま、入院。それから寝たきりになって。

看護師さんが着替えをさせようとして、手が折れて。看護婦さんが泣いて、ごめんなさいといわれたけど、いいことはないけど、しょうがないですよというしかなかったことも。

そして、家に帰るとアル中が待っている。

「近くに『断酒会』に行っている人がいて、相談に行こう」と姑。

断酒会なあと思ったんですけど行ってもろうたんです。

皆で集まって経験談を話すというものだったんよ。夫と姑の二人は、こんなん聞いても、自分がしっかりせんと止められんな、断酒会といっても、話聞くのもいやだなあといって、二回ほど行ったかなあ。何を話していいかわからんし、みんな同じ話でといって行かなくなった。

その頃、夫は自分でもからだの調子が悪くなったようで、自分から、精神科に行って、酒を止めようと、三か月くらい入院して、断酒したんです。

断酒してた頃、二か月くらいは、父親の所へ母親を送って行ってくれるようになって、助かったことがあった。

けれども、父の病状が悪くなって、病院に泊まって看病をするようになって、父が亡くなった。九州や大阪から親戚が来てくれて、お葬式ができた。

でも、兄嫁は、父親の遺体を家に連れて帰った時、布団も引いていておいてはくれなかった。どこまで、意地悪るなんだろうと思った。

夫の泥酔がまたはじまった

夫は、十年は酒を止めた。

十年止めて、爺さんもそうで、主人も十年たった時だった、「ビールののど越しがなあ」と、「いけんで、爺さんのようになるで」といっていた矢先に飲んで、やっぱり、ぐでん、ぐでんに飲んで、三メートル先の崖から落ちてあちこち打撲して、朝昼晩食事介助が必要になったんですよ。

たびたび、発作を起こすし、もう一回起こしたら危ないかもしれないから、こんばんは泊まってくださいといわれたこともあった。

家族の看病の都合で仕事を変えた

それで、私も代行の仕事に変えたんですよ。社内食堂では十二年働いた。ともかく、私以外の収入がないので、生活費が無くて。でも、足腰が悪くなってて。

それに宴会のコンパニオンのアルバイトもしてたんよ。

やとなさんという、着物を着てする仕事もした、一回八千円なんですよ。コンパニオンは時給九百円だから、五時間働いてもね。

ここには花を飾っているので、それをもらって帰って、姑が花が好きなんで。

お母さん、きれいな花がさいとると聞いたから行ってみるとか、百円市に行ってみるとか、と誘って、朝、四時ごろから行ってみる時もあった。みんな早いんよ、遅かったら何にもなくて。ほんなら、かあさん行ってみるかと連れてったり。

喧嘩して、別に食事するようにしたり、それでも、白内障の手術の時には付き添ったり、したんよ。

姑から、「あんたは上田の家とうちとどっちが大事なん」といわれたこともあった。それで、「生きとる間にできることをしときたい」といったら、何にもいわなかった。

おじいさんが鏡野から来ていて、そこのお墓もみないといけないことになって、近所づきやいや掃除やお墓の掃除が百坪からあった。夫は、飲んでばかりで、働きもしないで、近所のことも、何にもしなかった。

前の夫とは、三十年くらいかな。ある日、夜帰ってきたら、からだを後ろに向けたまま坐っていて「別に暮らそうや」といわれて、そのうち、言葉の暴力のようになって、それが嫌になって別れたんよ。

二番目の夫との出会い

二度目の夫は、何にも云わない人でね。お弁当はどうしよんといって、ほんなら作ろうかということになって、晩に来てお酒を飲んで、そのまま泊まって、結婚ということになったの。友だちにも相談して、優しそうだし、よさそうな人だねといってもらったので。

そしたら、嫁ぎ先から、田植えだから、帰って来いといってきた。

五十歳になって、初めてのことで、朝も六時には、スケートリンクのような土をならすようなこととか、苗箱を洗うこと、見よう見まねで、百位の苗箱を、用水で洗った。

足と腰を手術しているし、手で刈るんだけど、腰や足が痛くて、その次には、落穂ひろいをする。

六年ちょっとかなあ。

昼と夜と二か所で働いていたんで、帰りが遅くなるでしょ、帰ったらちゃんと用事を置いてあって、洗い物もして、お風呂に入ろうと思うと、私はまだはいっていませんからというのよ。湯郷のかんぽの宿に行ってた頃は風呂に入って帰っていたんです、そしたら、すぐ寝れるので。でも、ほんとに二番目の姑の人使いはひどかったですね。最初は、生活費にと、十万円ずつ数か月は出してくれていたんだけど、田植えで、同居することになってからは出してくれなくなって、机の上なんかに、一万円置いてあったりするので、こどもの小遣いでもあるまいしと夫に電話すると、姑が、職場まで電話するとは何事かと、怒ってきた。

大きな一升釜に、食器の洗い物を入れるようにはなったんですけど、釜の中に、洗い物をそのまま入れているんよ。

私は家事をするのをやめたんです。

こうなるのは、わかっていたんだけど。

「出てってくれ」と、何にもものを言わない夫が、いった。

冗談だろ、といったけど。一晩、友達の所に泊めてもらって、片付けに行ったら、一晩で帰ってきたといわれた。

知り合いのおばさんに相談して、いま住んでいる、ここを探してもらったの。

生活保護の手続きは、精神科の病院に行って、すぐ手続きができた。

大家さんがいい人で嬉しいし、サポーターの人が付くことになって、困ったことは何でも相談できる。今は、作業所はやめて、ヘルプサービスを利用したり、週三回の配食サービスと、津山市障害者福祉センター神南備園の生活介護サービスを、入浴目的で週三回の利用を検討している。

体調がいいときは、小物を作るのが好きなので、ごんごバスを利用して、百円ショップで、毛糸や布なんかを買ってきて、編み物をしたり、古いズボンやスカートを使って、ミシンを使って縫物をして、バッグを作るなどして楽しんでいる。

精神科の病気のこと

精神科には、主人がアルコール依存症で入院していた時、根も尽きて、先生に相談して、うつ病といわれて。がんの告知なんかよりももっと重いストレスがずーっとあって、治療を受けるようになった。

それから、二回目の結婚のとき。五十過ぎて農家に嫁いで、私は身体が悪いから何にも出来んよといってたんですけど。農家では、嫁をもらうというのは、てごをもらうこと。何で、何でっというのがいっぱい貯まって。兄は再婚して、母親の面倒をみるといったけど、あまり顔を見せないしね。

色々、考えていると、ずーっと落ち込んできて、どうにもならなくなる。今は、希望ケ丘にかかっているんだけれど、お薬の量もそれ以上は増やせないといわれている。

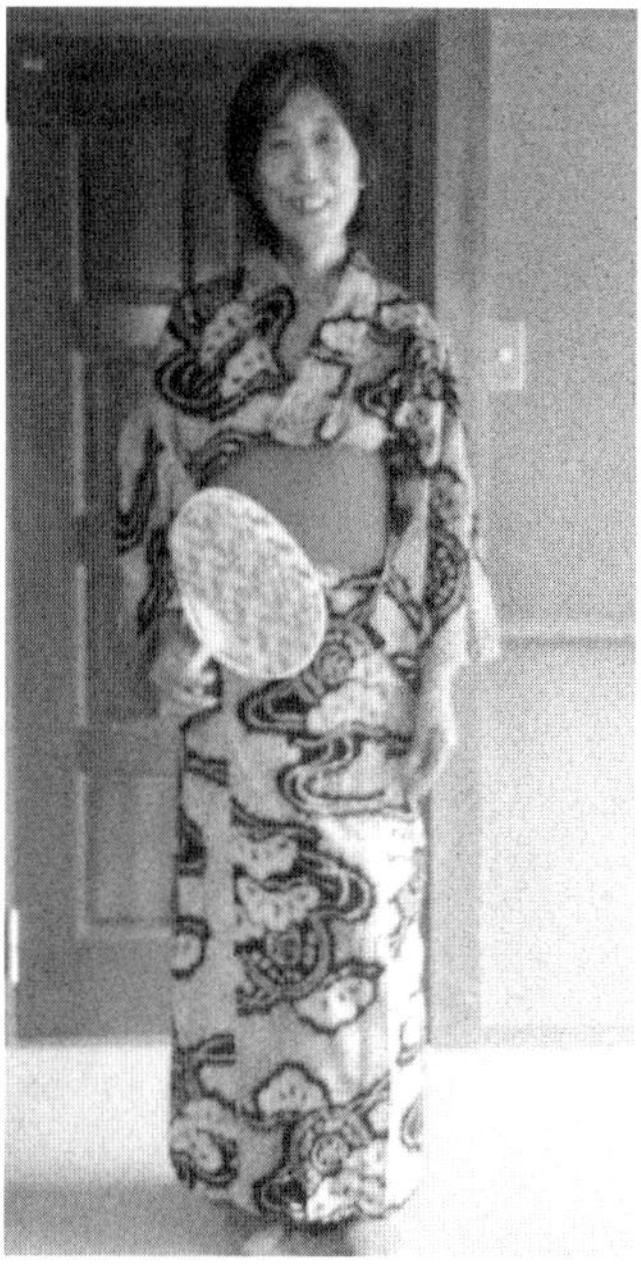

ちょっと早いかなあ。もう少し生きたい

「人のために、何も考える間もないくらいに、根限り働いた分を、もうちょっと、どのくらい生きれるかわからんけど。この状態で、ちょっとでも長くいきたいなあと思うんよ。前の旦那みたいに、この状態で、すーと逝くのもいいのかなあと思ったり、何にもないのでね。」と。

ひとりでさみしくて、犬も飼いたいけど、犬の方が長生きだったらそれも可哀そうだし。盲導犬を育てるのもお金がかかる。予防注射とか。

作業所もみんなと話をするわけでもないし、友だちは面倒な友だちは切ってきた。私を利用する人とか。温泉行こうといっても、その前に家に行って行こうという、家の掃除をしていこうという。掃除を手伝ってというわけなのよ。

がんになって、手術をして

それまで、個人のクリニックにかかるくらいだった。悪いのは左足で、車はオートマだから、一人でなんとかなる。誰かが入院してて、実家と病院の行ったり来たり。主人も働けない時も多かったので、その日の生活費のために働きづめだったんです。

そして、「最後は、がんでしょ、手術をする直前に、家でこけて、骨折してしまって最悪だったし。卵巣と子宮がん、それに乳がんで。遠隔転移で胃と卵巣と子宮とをとったんです、乳がんはあとでわかったんですけど。もう、形がいびつになってしまっていて、外科の先生が胃をとって、婦人科の先生に代って子宮をとってという手はずで、上から下までの大手術だったんです。」

「その手術の時のことなんです。精神科にかかっていて薬を飲んでいたので、せん妄というんだけど、何をしたか自分は覚えていないんです。薬を飲んでいて、急にやめてはだめだといわれていたんだけど、手術の関係で、せん妄を起こしたらしいんです。

前の主人が来てくれて、もうろうとした中で、「わたしは福岡県生まれですとか」いってたとかで、夫が、「そうそう、この人は、福岡の生まれなんですと

いっていたよ」と、同室の人が教えてくれたんです。そんなことがあって、その時から、前の夫が、毎日来てくれるようになって。自分は肺がんでしんどいのにね。」

前の夫の孤独死

「その夫が、去年の十二月に孤独死してたんですよ。」毎日、妹さんが食事を用意しに行っていて、いつもは食べた食器をきちんと片づけているのに食べていないし、おかしいなあと思ったらしいの。それでも朝、トイレに腰かけているのが見えたので、トイレかなと思ってたと。でも気になって、行ってみると、トイレで、固くなっていて。

私との電話のやりとりが携帯電話に残っていて、警察から電話があって、「亡くなられたんです」といわれて。

お通夜に、前の日に、妹さんが電話をかけてきて、きみちゃんさえよかったら、来てくれない。「きみちゃんさえよかったら、きてもらいたいんじゃ」といわれて、それは嬉しかった。最後の顔も見えたし、それはよかった。別れていたので、葬式は遠慮した。最後の顔が見えたのがよかったと思ってる。

こんなに悲しいのに涙が出ない

父親の時もそうだったんですけど、涙が出ないんです。愛犬が続いて死んだんだけど、なみだがでないんですよ、涙が出たらすっきりすると思うんですけど、がんですといわれた時もそうだった。

主人が亡くなった後、やっぱり、寂しさと、ちょっと不安みたいなことが出てきた。涙が出たらすっきりするんだろうなと思うんだけど。

これからどう生きるのか

こんかぎり働いた分ちょっとのんびりしたいなあとも思うんですよ。どれくらい生きられるかわからんけど。

この状態でちょっと長生きしたいなあ

でも、前の夫のように孤独死なのかなあ、私も。一人暮らしだし、私には誰もいないので。何にもないんで、その分、寂しい思いをしなくていいしね。

去年の十二月、最期だと思って、思い切って、私の大好きな、「はましょう」、浜田省吾というんですけどね、彼のコンサートに広島まで行ってきたんです。何十年ぶりにか行ってきたんです。でも、しんどくて、立ったり、座ったり、ずーっとは、もう立っておられんかった。

のんびりできたり、楽しいこととか、からだに負担がかからないことを、ちょっとずつ探していこうと思います。

あとがき

足が悪い上に、痩せて体力のない上田さんにとって、ラジオがともだち。

「いっつも山陽放送をきいているんですよ。ずーっと。前にも言われたことがあってね。こんな風にメモ帳に書いているんです。聞き書きの会のことをいわれたんで」

「何か特別なことをしてきたわけではないんだけど、自分が、これまで、どんな風に生きてきたかということを、聞いて書いてもらえて、こんなにうれしいことはないです。書くことは苦手なので」

室内に、インコがいる、「ピーちゃん鈴は?」と話しかける上田さん。ちりん、ちりんと鈴を鳴らして答える。ピーちゃんは家族になっている。

ちょうど、紅梅が、満開で、ふらつくからだで、

一輪切って
「大家さんが、いつでも切っていいよといってくれているの」と渡してくださった。
ほのかに香る春の香りが今でも私の心の中で残っている。

聞き書き

前向きに生きてきて、今が、最高に幸せ!!

鈴木久子

話し手：青山静（大正14年生まれ　岡山市在住、91歳）

はじめに

今年初めて三十度を超した日に、小学校時代の恩師である青山静先生をお訪ねしました。先生は、退職前の十五年間は難聴学級を担任されていたこともあり、退職二年前からボランティアとして要約筆記を始められる。その後、教職を退き、全国に先駆け、要約筆記団体を組織される。平成三年には岡山県要約筆記団体の会長となられ、二十年近くご活躍される。その功労は認められ厚生大臣表彰等々、数々の表彰をいただく。また、並行して趣味も幅広くされている（華道、箏曲、書道、短歌、随筆）。何事も極めるまでされ、当年とって九十二歳ですが、つい先日、随筆集『つぶやき』を出版されたばかりの元気はつらつとした先生です。

担任当時の先生は、厳しく、そしてやさしく教え導いてくださいました。それから三十数年後、互いの友人教師を仲介として再会することができました。その後、何度かお会いしていましたが、話題は現在のことが多く、先生自身の個人的な過去のお話は伺ったことがありませんでした。退職後の今、同じ退職者として改めて先生をお訪ねし、先生自身の若かりし頃のお話を初めて聴かせていただきました。

男性不足の中、結婚。そして、前向きに生きてきた。

四十五歳頃まで、人生の半分は普通に生まれて大きゅうなって、普通の人生というか、どおゆんかなあ、それでも一般の人よりは幸せと思っていた。というのが、父が学校の先生をしていたので。父の赴任先々で、その地域の人が大事にしてくれた。それから学校生活も成績はたいてい良かった。自分も努力し、だんだん認められだしたというような。まあ戦争もあったりしたけど生活的に、物質的には困った時代であったけど、それ程でもなかった。それから、私らみんな戦争中の女性じゃが。相手がいない。男性はみんな戦争に行って亡くなっている。じゃから男性不足の世の中。なかなか適当な相手がいない。それでずいぶん婚期が遅れてきた。あまり十分でなかったけど結婚したという話で。生活的には、まあ貧しいという生活で。でもまあ学校生活はだんだんと安定してきた。田舎からまちの清輝小学校へ転勤してきて。

いろいろあったけど、まあ自分の生活も安定してきたし、学校での発表、研究発表とかして学校生活での教師としての生活がだんだん認められ、いろいろ全国大会とかで発表したりして、まあ学校生活も良かった。

で、定年退職してから何しようかということで、ボランティアをしていくことに。退職前から難聴学級の担任をしていて、子ども達のために、まあ、力になってやらんといけんというような気持ちがあってボランティアを始めた。それが要約筆記だった（難聴者の傍で書く）。それで要約の会に入ったら、要約そのものは京都で始まったんじゃけど、組織として開始したのは岡山みたい（六十五歳で組織を立ち上げ翌年会長に）。ほんというたら本家みたい。で、京都の方に聞くこともあったし、岡山に訪ねて来られることもあった。要約筆記が、全国に広がり、奥羽、九州、四国等からも訪ねに来られて忙しかった。そういう時代を過ぎて、年をとって目も耳も衰えてくるのに、あんまり人前にしゃしゃり出てもいけんし、若い人に譲るべきと思い、辞めた（八十一歳で会長退任）。

　辞めてから何をしようということになった。まあ、自分がしようたお華（道）というのもその続きであったし、それから、要約をしようたこともあって、いろいろと障害学級へ講師で来て欲しいと頼まれることが時々あって出向いて行った。その後の仕事もあって、それらを楽しみながら今がある。今も時々頼まれるので出て行く。わりあいありがたいことに「今日は何をしようかな。暇ですることがないなあ。」というようなことは、あんまりない。

　ずっとありがたいことに健康に恵まれとる。じゃから、こういう道筋を歩んでこれたということで、とにかく幸せ！　であった。

　前向きに考えてきた？　そうかもしれない。結局健康だったから、前向きで後ろ向きの思考がなかった。いろんな本を読んで、物事は前向きに考えるべきという本に出会い意識改革があった。いつ頃？　それは赤磐で暮らしていた頃だから三十歳頃かな。何があっても前向きに前向きに考えてきたように思う。普通の人がマイナスに考えることも、いやこれが自分を励ます材料になっているんだとかな。勤めていた頃でも、人がしたことも善意に考えて、なるべくなるべく前向きに考えてきたように思う。その本に出会う前だったら？　本当は苦しい思いをしていたかもしれないけど、前向きに考えるのが、私の特徴、私の個性かもしれんなと思う。学校でもいろいろあった。家でも姑、舅とかいろいろあったけど、自分が成長するために、自分が乗り越えるべき障害がここへ置いてあったというふうに思って、きた。そういうこと。時には脚が痛いとか、腎臓がうつうつしていたこともあったけど、まあ本当に病気知らずで、病気で寝た記憶がない。たいてい一年に一遍は風邪をひくけど寝込んだことがない。まあ、私も不思議に思う。本当に。両親が健康に産んでくれたこともあって、それに加えて健康な精神状態であったということ、常にそれを続けてきたから。まあ、そんなとこかな。

苦しかったけど充実していた子育て時代

その中でも辛いこと？　辛い時もあったかもしれんけど……（かなり考えて）今思い出すのは結婚した頃のこと（二十五歳）。当時は赤磐郡熊山町に住んでいたが、育ったのは父の勤めの関係で新見や高梁を転々としていて、赤磐ではそんなに暮らしていなかった。男性不足の時代だったのに、何とか学歴だけはある相手じゃなけりゃあいけんと思とった。田舎におった時にな、そりゃあ大きなお百姓さんで中学出たか出んかいう話がいっぱいあった。田んぼがあったり山があったりするのもええけど、私はまちに住みたいと思うとった。まあ岡山で暮らしとったこともあって、まちで暮らしたかった。そして、「相手は学歴のある人。まあ専門学校でもええから出たぐらいの人。貧しゅうてもええから岡山で暮らしたい。」そうゆう条件で岡山へ出てきて、暮らすことになった。

それから、食べんといけんこともあって学校の先生をした。途中で辞めたいと思ったけど続けた。「あー もう辞めて子どもの守りをしたい、辞めて子育てをしたい、家庭の主婦でありたい。」と思ったけど生活に困るし、まあ勤めを続けた、ということ。

子育てをしながら働くのは苦しかった。まあ、今から考えると皆しているのことだけど、その頃は一般の女子、女の人が働くのは辛かった。子どもを母親に預けて、えっと、まあどういうのかな。その、今の人と感じが違った。預けるのが心苦しい。それを預けて勤めを続けるということは非常に辛かった。けれど、けれど、仕方がなかった。本当は辞めて……、と思ったけど。それから反面、自分が関わっとる以上は、先生として立派に責任を果たすというか、あー、自分らしい教師、としてありたいという。まあ、半分は辞めたいと思っているけれども、そういうマイナス面があるけれども、やっぱり、毎日毎日は、良い先生、でありたいという思いはあった。それから、子どもに寄り添う先生でありたいという風な、な。いろいろな先生の、女教師の記録とか昔はあったがあ。子どもに対応する師弟愛とか、いろいろとそんな本を読んだりして、そんな先生のようになりたい反面があって、両方葛藤しながら苦しいけどがんばっていた。それで学校へ行くと、そういうもんがあるし、日々の子どもに教えることとともに、いろいろ研究発表があった。特に清輝小は、なあ。大土井淑夫校長さんが立派じゃったから、いろいろ研究発表があった。それも質の高い研究発表、全国大会やこうして。そしたら、みんなもそれに集中する。他の学校よりは、ずいぶん今から言うと苦しかった。だけど、そういう厳しさの中で生活できることはありがたかった。そういう苦しさを同僚もしているわけ。同じように子どもを育てながら来ようた人もおったし。今も付き合っているけど、そういう仲間、が、おったりして。励まし、励まされ、負けまいとがんばってきた。

男尊女卑の職場で自己主張できない職員会議

当時、女性の先生は多かったか? その頃はな、女性は少なかった。男性の方が多かった。私らーあ女性の先生でも出始めだったけど、ええ加減、歳をとった人は退職勧奨を受けようった。ほいで、清輝小でもな、立派な先生も、みんな五十過ぎで退職勧奨を受けていた。それでも、それを払いのけて勤めた人。そういう人はみんな、あのう、女教師が集まった席でな、退職勧奨を受けてもこんな風にがんばったんじゃから、みんなもがんばりましょうというようなことを言うたりして。そりゃあ、給料もずいぶん違ごうとった。男性の方が良かった。初めは、男性の方が良かったんだけど、そういう人がおって、がんばりましょうということで、運動が始まり女の人の給料が同じになった(三十五歳頃かな)。初めの頃は組合も活動が低調だった。だんだん男女に対する差が言われ、活動しだした。

男尊女卑だった。今から考えても、女性は一歩下がって、教員室でも何かにつけて男性よりも下というか、で、男性に仕える。それにしたがって私もやっていた。じゃから、職員会議やこうで女の人が発言するというようなことは少なかった。私は、わりあい、厚かましゅう生まれとったから、同じ職員会議をしようても、年上の人が言やあええと思うのに、言わんのよな、じっとこらえて。こらえとんじゃのうて、言う気持ちにならんのかな。そりゃあ、職員会議でもそんなことの繰り返しじゃった。その女の人、上の人を、追い越して私が発言するのもまたいけなんだ。じゃからわたしは心の中で（しぐさ）こねーなりようた（笑い）。そんなことが何回も何年も続いた。それが、だんだんと、女の人もがんばらにゃあいけんというように教員組合の活動が盛んになって、ほいで、いつの頃か男性女性関係なしに発言するようになった。それがはっきり、いつの頃か、何年頃じゃったか覚えてないけど。

清輝小、ああそうじゃそうじゃ、清輝小で図書館の研究会をした時に、発表者は男の人ばかりじゃった。そいで、わたしが「女性にも発表の機会を与えてください。」言うてな。それは、ほんまに冒険じゃった。そう言うたもんじゃから。それでもその時の大土井校長先生はな、立派じゃった。その発言を聞いてくださってな。図書館の全国大会の時にな、発表の機会を作ってくださった。私じゃないよ。いろいろよそで研究発表している私より大きい人。そういうこともあって世間一般もそうで、一般の他の学校やこう男性が優位で、女性は下。ひたすら男性に仕えていた、じゃないかなと思う。今じゃったら年齢に関係なく言うじゃろ。じゃけど、その頃は、年上を敬わないといけんかった。「言えばいいのに」と思っても、言わないのは、言う材料がないのか、言うすべを知らないのか、よう分からないけど、私は下の方でもやもやしていることが何年か続いた。そういう年上の人が退職していって、それから、まあ似たような年齢、年齢の近い者同士の時代になってから、遠慮なく喋れるようになったかな。

他に苦しかったこと？　今が平和じゃからなあ（暫く考える）。私は家をな、何遍も変わったんよ。一番最初は、本当に本当に、（筆者が）遊びに来てくれたあの家におって、恥ずかしゅうて、恥ずかしゅうて。「こんな家におって、もうー」。と言うのが、私が田舎の農家の、昔で言う豪農じゃったのかな。そんな所におって、まあ結構な学生生活をしていた。それが結婚して、まちの真ん中のこのいぶせき小屋に結婚して来た。この家がまあ悲しゅうて悲しゅうて。

この家に特に清輝小から帰るのが恥ずかしゅうて。電車を降りて歩いて家に帰るのが、恥ずかしゅうて。ほいでこの家が、主人の家が満州からの引き揚げ者で、主人が長男で後へ六・七人の弟妹がおった。父親は満鉄でお偉いさんだったから引き揚げて帰ってきても、人に雇われたくない、頭を下げたくないと言って絶対勤めない。じゃから貧しいがあ。そういう訳で義父は何も働かない。仕方がないから義母があの家でお菓子を売りょうた。それでやっと暮らしていた。主人は学校を出ていたけど、主人のすぐ下の弟は医者になるための学校へさらに行きたかったけど行けなかった（後に、大実業家として成功）。下の弟や妹は自分で学資を稼いでいた。自分らの生活だけでなく、夫の両親、夫の下の弟（現在、岡大名誉教授）や妹の面倒を見なければならなかった。家族みんなが迷惑をかけまいとがんばっていたけど、下は中学三・四年位だったので入学金とか、まとまったお金がいる時はな……。そんなこともあったな。親がおる。弟妹がついとる。仕事を辞めずに働かざるを得なかった。それは辛かったな。経済的に苦しかった。辛かった。

今でも嫁・姑・小姑の関係が言われるが、私も辛い思いをした。けど、今から考えると世間一般が100％苦しいとして私は70％位で、一般よりはずいぶん開かれた関係だった。満州の人はおおらかな。がみんなおおらかだった。私が働いたお金でみんな暮らしょうるという気持ちがあるからか、どういうんか上下の関係もあんまり厳しゅうなかった。辛い時期もあったけど、今思うとそうでもなかった。

その頃は二時間しか寝ない日もあった。たいてい一時や二時まで起きて書き物をしていた。朝、姑のおしめを替えて、着替えさせる（孫を背負って転倒して背骨を打ち、寝たきりが二十五年）。その後子どもを起こす。帰ると真っ先におしめ交換。それから夕食の用意。毎日、朝みんなが起きる前におしめを洗濯し干してた。ある時、数えたことがあったんで覚えとるけど、毎日四十枚干していたことになる。他の洗濯物もあるし竿四本がいっぱいだった。大変？することにしとったから当時はそんなに大変とは思わなんだ。

おじいさん？　おじいさんは入浴中に脳溢血か何かで早くに死亡しとった。それからおばあさんが悪くなり面倒をみとった。

教育者らしい学校長との出会い

清輝小に勤めて最後の頃、一年生の担任発表の時に、私の名前が最初に呼ばれた。「青山先生」と言うので私はびっくりした。他の人も驚いている。最初に呼ばれるのは学年主任のことである。私みたいな若い者ができきんと思って、大土井校長の所へ言いに行った。そしたら校長は「来ると思うとったら来たか。」と言われる。「あんたの代わりにできる人がいるなら言うてみろ。」と言われて、考えてもおらんから、しないといけなくなった。年上の人もいたけど、二人とも助教諭（当時は師範を出ていない人も教師として採用されていた）男の人もいたけど私より年下だった。結局、一年担任八人の学年主任となった。

あんな立派な校長はいない。どう言うんかな、新しい教育のあり方というものを常に描いていた。今頃、図書館教育と言いよるじゃろ。あの頃から全国大会をしたんじゃから。学校長として立派な仕事をした人です。退職後に一度、お訪ねしたことがある。教育の相談にのってくださったし、美男子だった。清輝小を運営され、その空気を吸って私は育った。それから次の芳田・内山下（小学校）へと引き継いでいき、より教育者らしい歩みを続けることができた。

その後の校長先生？　清輝小で赤痢が発生した時、責任をとって辞められた。残念じゃったけど。その後、早くに亡くなられた。（筆者が）在学していた時の校長先生だったはず。

施設で、現在も先生と呼ばれる

教員をしていたことが良かったと思うこと？　介護施設に行っていると青山先生言うんよ、みんな。青山先生と言われると恥ずかしい。というのがな、学校では偉そうにしとる。子どもにとっては先生じゃから。けど、一般社会人から言われるのは恥ずかしい。

一般常識から見ると経験不足のところや思慮不足のところもあるし、いろいろ個人的には足らない部分もあったりする。世間一般から見るとマイナス面をぎょうさん持っとるのに先生と言われる。それが何か恥ずかしい。じゃから、あのう、言うて欲しくないという気持ちがあると同時に、一般の人は先生じゃから何でも優れてると思とるじゃろ。先生じゃったのにあんなことをしてと言われるようになったらいけないので、まあ普通のレベル以上に物を考えたり物事ができるように、しないといけない。先生じゃったのにあねえなことと言われんように。先生じゃったからできると言われたい。けれど、先生じゃったからと偉そうにしたり、どう言うんかな、上から下を見うるように思われるようなことにはなりたくない。むしろ、みんなより下の位置にありながら、お互いが和らげ合っていける、先生じゃったからそういうことができるなあと言われたい、と思っている。温かいと言うかそういういろんな意味で先生と言われても、恥ずかしくないだけの人柄とかいろいろまあ知識とか備えておかないといけないという風な気持ちがある。そういう気持ちがいくらかあるから、「もう本なんか読めんわ。」と言う人もおるけど、やっぱ自分なりに教養を身につけておきたいと思う。九十歳になっても図書館へ行って本を借りて来て読むのも、そういう気持ちがあるからかもしれない。今でも、それが励みになっているのかもしれない。

九十二歳の現在も元気な秘訣

ラジオ体操に、散歩もしている。日課を決めて生活している。二十二時頃寝て五時に起床と言う決まった日課で六〜七時間は寝ている。

今まで言うたことと重なるかもしれないけど。いろんなものの考え方をね、善意、善意に全てのことを解釈し、善意に受け止めて、それで生活してここへきた。具体的例？（だいぶ考えて）世の中には「あれをされたから、仕返ししてやろう」という人がいるが。あれをされたからと言って、それを仕返ししようとは思わないで、自然に「それは私に与えられた試練である」と考え、与えられたマイナス面を自分が乗り越える試練であると善意に、いい意味に解釈していく。別の意味で自分が成長できればよいので、豊かな人間性を備えることが必要とか、そんな風に思ってきた。

終わりに

何事にも興味関心をもつ筆者が勉強に目覚めたのは、三・四年生の時に担任していただいた熱血先生であられた青山静先生のおかげです。自主的に勉強する楽しさを知ったのはこの頃です。あれから五十年以上経過し自分自身が高齢者となった今、晩年の教師としての生き方をまたもや教え導いてくださった感じでした。何事も自分にとっての試練と捉え、前向きに生きていくことが、心身ともに健康の秘訣だと実感を込めて語っておられたお姿が印象に残りました。

清輝小学校での忘れられない思い出（昭和二十六・七年）

青山　静

私は昭和二十一年三月、岡山師範学校女子部を卒業しました。運よく両親の居る本籍地・現在の赤磐市熊山の可真《かま》小学校へ勤務することになりました。主に低学年を担任し、子供達にも親しまれ、父兄からもまづまづの信頼を得て五年間を過ごしました。

それから縁があり、岡山市清輝小学校へ勤めたのは昭和二十六年からのことです。当時の清輝小学校の校長先生は大土井淑夫先生でした。大土井先生は色白で小作りの方ではありましたが理性的で品格のある方で、いくつかの文献をお持ちだと聞いていました。

昭和二十八年、昭和天皇が岡山へ行幸になった時、戦後の教育の復興の様子を御覧頂くことで清輝小学校で天覧授業にあづかった時の校長であったのです（岡山県で天覧授業にあづかったのは前後通して初めて）。

大土井先生は勿論私が清輝小へ赴任するずっと以前から清輝小学校において清輝新学習法を打ち出されました。それは戦後の教育のあるべき姿を求められたものであり、自主自立の学習を念頭に措いて作られたもので、現代でさえ新しい真の教育を求める優れた指針であると思っています。

大土井先生の描かれた教育の姿の一環として出来たのが、清輝小学校の図書館でもあったのかと思います。「名将のもと　弱卒なし」という言葉を聞いたことが有ります。清輝小学校の教職員は、私一人を除けばお一人お一人が聡明であり、情緒豊かな方ばかりであったと折にふれ諸先生方の立派さに思いを寄せることは実に多くあります。

ある研修の日、各自の研究したものを発表し合うことがありました。私はその時、そのような発表会が行われるもかもよく知らず（産休をいただいていたので知らなかったのかも）、準備らしい準備もなく研修会に臨みました。

お一人お一人の先生方の発表は準備よく完璧に用意されているのに対して、私は発表らしいものも勿論ないので、何か小声で発表らしいことを言ってその場を逃れ、恥しいとも悔しいとも言い様のない時間を過ごしたことは忘れようにも忘れることはできません。

けれど、このことを通して「研究」とはどのよな心構えでどのような手続きを通し、どのように進め、まとめ、発表に持っていくのかを、恥をかくことにより大きく知ることができたと思っています。

そのご研究態勢がいくらか変化し、図書館指導部（図書館を実際に使用して指導する部）と学習指導部とに分かれて研究することになりました。

私は学習指導部に属することになりました。

学習指導部を説明すると、国語指導を例にとるならば、学習内容（話す・読む・書く・作る）の四領域に分けて、図書館資料の利用ができることを研究・発表するわけです。

私は校内では教科分担は音楽でしたから、音楽指導の中での図書館を活用していく研究分担です。

国語・社会ならば比較的簡単なことですが、音楽になるとむづかしい。読書になじみの浅い低学年の児童にどのような場があるのでしょうか。

音楽の指導内容は、その当時、歌唱・器楽・鑑賞・創作の四領域だったと思います。

私は四領域の中の歌唱・器楽・鑑賞はまづまづとして、創作の分野の研究により新しい音楽指導が生まれてくるのではないかと思いました。

それには、何といっても教室が音楽的な雰囲気に包まれることです。朝、授業が始まる前には「朝のあいさつ」の歌を、授業が終れば「お遊び」の歌を、下校の前には「さようなら」の歌を等と児童と共に歌ったものです。唯困ったのは、児童が歌ったものがオルガンでそのまゝメロディが弾けないことです。仕方がない時はオルガンなしで歌のやりとりですますこともたびたびありました。

研究会発表当日も「創作」をはっきり打ち出した教案により進めていきました。テーマは「おつかい」であったと思います。いつもの歌の挨拶から始まって、配った絵本の中の「おつかい」を見て即興で短い歌を創るというものです。

数人の児童が教壇にあがり即興で歌いました。それを何とかオルガンでメロディー化し、みんなで歌いました。研究発表当日、参観者は国語・社会は多かったようですが、「低学年の音楽」であったからか、少数であったと思います。

また、あの時の授業後の反省会・批評会も行われた記憶がなく、創作に対する意見は聞くことが出来ないまま、に過ぎてきました。

その後、指導要領・評価に何度か改定が加えられて来ましたので、現在の現場ではどの様な指導が行われているのでしょうか。

あの当時は苦しい創作指導ではありましたが、段階的・発展的・継続的に取り扱われているならば、歌に対する創作意識は少しずつ成長しているのではないかと思います。

私はこの発表会後、清輝小学校より他校に転出し担任教科も変わり、継続的な指導は不可能でした。全国学校図書館研究会音楽分野「創作」における、まことにささやかな記憶を綴らせて頂きました。

聞き書き

青少年義勇軍として満州へ

文屋　泉

話し手：木山繁夫（昭和5年生まれ　矢掛町江良《えら》在住、85歳）

地元矢掛町中川では、若い頃から書道・詩吟・民謡・御詠歌・カラオケ・菊づくり・神楽面づくりと多趣味で知られている木山さんをお訪ねした。丹精込めて作られている盆栽がならぶ庭からお宅に案内されると、応接間には様々な大会で獲得したトロフィーがびっしり並んでいた。

そういえば、夏祭りでも、すらりと背の高い木山さんがやぐらの上で、いい声で歌われていた。

満州での体験をお聞きする。

義勇軍を志願する

中川南尋常高等小学校（昭和16年中川南国民学校と改称）の高等科2年の時じゃった。

小学生ゆうてもそのころは、勉強の代わりに阿部山や星田池に勤労奉仕に行ってたんじゃ。開墾して、サツマイモや麦を植えたりしていた。男の子は全員、女の子は行かなんだ。

先生から何回も満州開拓青少年義勇軍の話があった。高等科の男が30数人いたかな、その中で3人が行くことになった。わしは、志願したようなものじゃった。ともかく行きたかった。どうしてかって？　このへんから大勢《おおぜい》行っとったということもあった。近くの3つ上の先輩が満州へ行っとって、あこがれもあった。その先輩は満州から帰って、大きい家を建てとった。担任の先生は満州に行くとええことがあると言われた。嫁さんをもらうことができるし、仕事はなんぼうでもあるということじゃった。

兄弟は女2人男6人で長男じゃった。跡をとらにゃいけん立場じゃったけど、行きたかった。食い扶持を減らすためということもちょっとは考えたのかもしれんけど。後から聞くとどうやら、それぞれの地区で割り当てがあったみたいじゃなぁ。兄弟が多くて生活が困っている家に役場からも勧めにきたということじゃった。実際役場に勤めていた人が「何人も子供がいるんじゃから、一人ぐらいいなくなっても良かろうというて募った」と言っとった。中川村でも川向こうの本堀は行ってなかったからなぁ。先生は行かせぇ行かせぇじゃけぇ、中川村で毎年3、4人割り当てがあったらしい。

父親と母親は、なんにも言わなんだ。志願して行こういう子どもに反対は言えんかったんじゃろうなぁ。14歳じゃった。

満州に渡るまで

昭和20年2月、卒業を待たずに笠岡の駅から3人で県庁に向かった。6年生の担任の土岐先生がついて来てくれちゃった。小田郡から何十人か笠岡駅で一緒になった。県内の同年齢のものが、岡山県庁に集められて、茨城県にある内原《うちはら》訓練所に向かった。行きは蒸気機関車で行った。引率は小学校の校長先生だった大久保中隊長と農業・教学・教練・庶務の指導員5人だった。216人が入所した。

そこでは、銃の持ち方や撃ち方をならった。猟銃と同じくらいの鉄砲じゃったけど、なかには、体がこめい（小さい）子供のような者は銃が重たくて、やっとかついでいるような状態じゃった。もちろん空砲射撃の訓練じゃった。「米英撃滅」をとなえながら、満州に行きたいばっかりだった。夜になると、家を思い出しこらえきれず、すすり泣くものもいた。家が恋しくて逃げた子がいたけれど、駅で連れ戻されたということもあった。食べ物は白米に麦を混ぜたもので、食べ物に困ることはなかった。

ただ、内原の上を東京に向けて、夜B29が何機も通って行った。毎日のように、グラマン機の銃撃に遭った。空襲警報が鳴るたびに裏の防空壕に逃げた。何百ものグラマン機が通った。訓練所があることは、知られていたんじゃろうなぁ。近くの水戸はやられたということじゃった。

訓練は、3か月しかなかったけど、それでも、なんとか恰好がついた。

5月9日、2班に分かれて満州に渡るため、内原を出発した。病気や逃げ帰った子もいて、202名と教官5人で出発した。

3か月の間に戦局は変わっていて、東京駅に着いたとき、東京は焼け野原じゃった。何回も空襲があって、いわゆる一番規模の大きい爆撃が3月10日にあったばかりじゃった。

駅の前は皇居でそこは焼けてなかったけど、駅前には爆弾の跡がいたるところにあって、そこにトタンを張って生活していた。煮炊きする人々を見ながら、その中を汽車に乗った。

途中岡山県と兵庫県の境の船坂峠ではトンネルが爆撃を受けて鉄道も復旧してないので、トンネルの上の山を越えて半日歩いた。

日本中が爆撃にあっているのに、どうして、そのまま満州に行ったかって？日本は真珠湾攻撃をして勝っていると思い込んどったんじゃろうなぁ。今から考えると、今の北朝鮮みたいなものじゃ。何も知らされてない。日本が負けるなんて信じられんかった。教官も何も言わなかった。わかっとったじゃろうけど、帰ろうとは言わなんだ。言えんかったんじゃろうなぁ。

博多から船に乗って、朝鮮の釜山までいった。昼は爆撃を受けるので、夜行った。

それから北朝鮮の向こうの満州まで満鉄に乗って行った。

鉄驪《てつれい》訓練所での生活

5月15日、ハルピン駅で2班が合流した。次の日、満州開拓青年義勇隊鉄驪訓練所（注1）に到着した。ソビエトとの国境近く、見たことのない大地が広がっていた。大きな太陽が地平線に沈む様は、そりゃ、忘れられんほど感動した。山もない、ただ広い所をどっどと沈むのがずーと見えるんじゃ。見たことがないほど大きくて赤い太陽じゃや。

そこでの3か月は、教練が毎日2時間あった。小銃を使っての銃撃訓練で、訓練生が組んで撃ち合うということもあったから、弾は入れてないんじゃ。そのほ

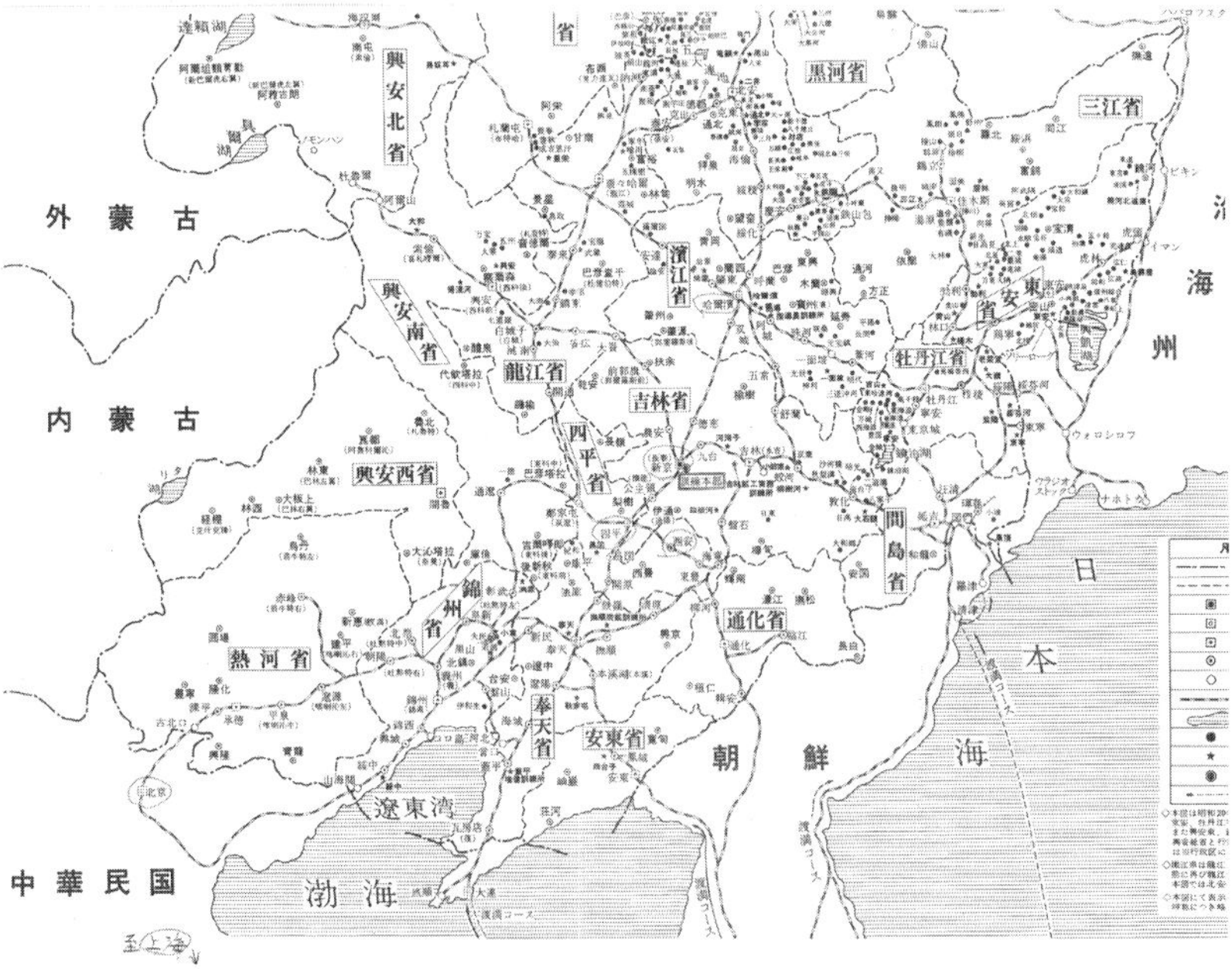

かは、開拓じゃった。コーリャン（高黍）・トウモロコシ・大豆を植えた。中国人はコーリャンが主食じゃったが、わしらは終戦までは、白米に大豆を混ぜたものを食べていた。朝晩みんなで、「植民の歌」や「われらは若き義勇軍」「満州開拓の歌」（注2）を歌った。

8月15日、教官が相談して日本が負けたことを皆を集めて言った。これで帰れるとみんな喜んだ。何がなんやらわからないままに、一か月が過ぎた。なんもすることがない。割り当ての食べ物はだんだん少なくなる。訓練所の向こうにずーと丘が広がっている。森はなかったけど、野ウサギはいたので、捕って食べた。

夜は、一時間毎見回りをした。城内（中国の村）から盗みにやってくるのを見張るためだった。わしが見張りの時、後ろでなんば（トウモロコシ）がざわざわ音をたてた。何かなと思ったとたん銃で撃たれた。死んだかと思ったけど、弾は当たってなかった。民間の中国人じゃったけど襲ってきたんじゃ。

次の日、宿舎の服や食べ物がごっそりなくなっていた。わずかばかり残ったものを持って、ほぼ手ぶらで出発した。炊事係が2日分の握り飯を炊いて出発した。最後の食べ物じゃった。コーリャン飯いうて、精米してないから赤いんじゃそれを食べようた。

炊事係は、大きい鍋を二班に分かれるまで持ち歩いてそれで炊きょうた。

哈爾濱《ハルピン》から新京へ

9月25日鉄驪訓練所を出て鉄驪の駅まで行った。駅にはソ連兵がたくさんいた。屋根のない貨物列車は、プラットフォームもないし、ドアもないもんじゃから子供には高過ぎて、よう乗れん。ソ連兵に押し上げてもらって乗りこんだ。一つの箱にごんぼうのように立ったまま乗った。途中綏化《すいか》駅で、どういうわけか降りろ言われて、野原で一晩過ごした。全部ソ連兵が命令して、中国人は運転だけしようた。そこから哈爾濱まで下った。

9月27日新京で下車した。そこの日本人学校の講堂で一晩明かしたんじゃ。夜中に急に銃声がして、びっくりして皆起きた。ソ連兵が2、3人酔ってたんじゃろうなあ。天井に向けて銃を撃ったらしい。怪我をした者はいなかった。いたるところ引き揚げの日本人が結構いた。

それから、南大房身《みなみだいぼうしん》の旧日本軍兵舎に収容された。そこに一か月いた。そのうち、食べ物が少なくなって、教官が、離れたい者はここで別れようといった。逃げた者もいるし、満州に親類のいる者はそこに行った。

寒さがこたえた。零下30度にもなるんじゃけえ、体を詰めて寝るしかない。オンドルをたいたりしたけど、寒さが半端じゃなかった。風をひいたり、病気にもなった。そりゃ、濡れたタオルは凍ってぱんぱんになるし、小便をすればすぐ凍って氷柱になる。大便は、スコップで大きい穴を掘って、周りにアンペラいうコーリャンであんだむしろで囲んだ中で用をたすんじゃけど、大勢が使うので、塊がだんだん上まで上がってくる。それをつるはしを持って打つんじゃ。コーリャンの飯を食べていたから赤いウンコになる。凍っていたから臭うはなかったんじゃ。春になると、凍っていたものが解けて流れ出す。みられたものじゃない。くせえし。

中国人は犬の毛の付いた防寒帽子をきていたけれど、吐く息が凍って帽子の下の毛皮が凍っとった。

食べ物がない。食べ物は小さなお椀にコーリャンの飯が少し。みそ汁は具のない汁だけ。腹をいつもすかせて、数人でうろうろしとった。なにもすることはねんじゃもの。わしは銭を持ってなかったけど、中には持っている者もいて、それを目当てに中国人が売りに来る。煎ったひまわりの種がコップ一杯５０銭じゃった。ソ連兵はそれを口に含んでいつもクチャクチャ食べよる。

あるとき中国の子供がマントウ（蒸しパンみたいなもの）を売りに来るんよ。それを銭も払わず盗って逃げた。かわいそうなことをしたけれどこっちも死にもの狂いじゃった。「ショートル、ショートル（泥棒）」と追いかけてくるのを振り払って逃げた。

ソ連兵が4、5人やってきて、掃除をしてくれたら食べさせてやるいうんで、手伝ったこともある。ジープに乗せられてソ連兵の宿舎に行くと、大きな窯に飯を炊いている。その中にバターを混ぜたものを食べさせてもらった。食パンを切ってくれたこともある。うまかった。持って帰るとみんなに取られるから胸にしまって夜中にこっそり食べた。

水だけは飲んだら死ぬ言われて飲まなんだ。コップ一杯飲んだものはすぐ下痢をした。わしは少しずつ湿らすほど口に含んでしのいだ。水が飲めれんかったのが一番つらかった。

食べなんだら死んでしまうけん、なんでも食べた。大豆なんか生のまま畑から取って食べた。臭いいうたらなかったけど美味しかった。食べるものがないんじゃもの。食べることばかり考えていた。食べずにはおれんかった。

ここへいたんじゃあ、行き倒れになるゆうて、炭抗のある西安に移動することになった。

新京から、西安へ

10月19日新京から西安炭鉱へ移動する。これは列車での移動だった。ここで、小一年すごした。石炭を掘って、暖も取れたし、賃金もでた。食べ物もあった。西安に移ったから生きのびることができたんじゃ。

朝飯は、5分搗きのコーリャンの飯とみそ汁。コーリャンの握り飯の弁当をこしらえてくれて、それを持って炭鉱に行く。炭鉱では、九州から来た日本人が監督じゃった。坑道では口笛を吹くと、落盤するから、絶対口笛は吹くなといわれた。中にはつい吹いてしまって、こっぴどく叱られた者もいた。キャップランプをつけ、腰にバッテリーをぶらさげて、坑道を下へ降りていくんじゃ。

わしは、坑道に降りて掘る係ではなかった。保安係いうて、煙が噴き出す坑道にけんど（篩《ふる》い）で泥の粉を撒いて石炭を覆うて火が出んようにする。西安の石炭は質がええのか自然に発火する。軽くて質がええ。いたるところ煙が出ていた。傍を通るとやけどをするぐらい熱い。爆発をしない前に保安係が泥を撒いてならし、煉瓦を積んで坑道をふさぐんじゃ。

保安係いうてもいたるところ煙を出している所へいって、作業するんじゃから、危ない目に遭ったことはある。何人も死んだことがある。

あるとき、あと坑道の入口が5センチ四方を残して、交代で宿舎に帰った。その後を夜勤の中国人が降りて行って爆発にあって死んだ。15、6人死んだということじゃった。

泥を積んだ15台ほどのトロッコがひっくり返ったということじゃ。たった一枚の煉瓦を覆わなかったために爆発したんじゃ。わしは、危機一髪で助かった。

西安出発

昭和21年7月25日内地引き揚げのため、西安出発。わしらは、二重の綿入れの兵隊服を配給されていたけれど、夏になって、ぬくうなって、表地をはがして、綿を取って裏布を自分で縫うて帰った。ボロボロのまじゃった。靴はあったのかどんなものを履いていたのか覚えとらん。

途中、奉天で一か月間足留めを食らって待機した。南満でコレラが発生したとかいうことだった。錦県で、病人と付き添い者は残留し、鉄驪訓練所からずっと一緒だった看護婦の森さんも残留した。

8月31日コロ島港出発。アメリカの船だった。アメリカ兵が乗っていた。日本ではなく、どこかよその国に連れて行かれると思った。その船には、引き揚げの日本人もたくさん乗っていた。

島が見えてきたとき、何度も日本と中国を行き来している日本人が、「あそこに見えるのは五島列島じゃ」と言った。日本に帰れるんじゃとやっと思えた。やれやれ、これでやっと日本に帰れるいうてみんなで歓声を上げたんじゃ。

佐世保へ入港した。検疫のため、一泊した。

9月3日上陸。隊員173名になっていた。

わしは、笠岡まで、列車で帰り、そこから井笠鉄道で北川駅。乗り換えて、備中川面《びっちゅうかわも》駅で降りた。そこから、歩いて帰った。帰りたい一心で、帰ることを通知するなんか、思いもつかず、なんにも言うてなかったけど、どこから聞いたのか、母親が門の所に立っていた。まさか、無事で帰るとは思うてなかったじゃろうなあ。泣いとった。何にも持たずボロボロの服で、「元気で帰ったで」とだけ言った。わしも泣いた。

帰ってから

昭和49年の9月に20年2月内原訓練所に入所した元大久保中隊で興安会を作った。

今でも毎年、10月に岡山の護国神社で慰霊祭をしている。総会では、毎日歌った「満州開拓の歌」(注2)を歌うんじゃ。

満州には2度訪ねた。一度は、60歳過ぎのころ、10人ほどで、慰霊のため線香とロウソクを持って行って拝んだ。

同胞が亡くなった所の土を持って帰って、封筒に少しずつ入れて遺族に送った。

2度目は18年前、観光も兼ね行ったが、まあだいぶ変わっとった。これがそのとき撮った写真をつないだものじゃ。ここに住んどった。

興安会の世話役をしているもので、今年もこれから、案内をせにゃならん思ようる。ようけ亡くなってしもうて、あの時一緒に行った2人も死んでしもうた。教官5人も死んでしもうた。看護婦の森さんはもう１００歳超えとるので、今年は何度連絡しても通じん。

若い者に何を伝えたいかって？ 16の声を聞いて帰った来たんじゃけど、栄養失調でガリガリに痩せてしもうて身長も14歳のままだった。声変わりも帰ってからだった。満州に居たのは2年もないけれど、何十年も過ごしたような気がする。

帰ってきてからは、仕事を精一杯して、妹2人に嫁支度をしてやれた。結婚もした。兄弟がいまでも仲良く行き来して一度も喧嘩をしたことがない。趣味もいろいろやった。

普通に暮らせることが何より嬉しい。

注1　満蒙開拓青少年義勇軍内原訓練所

昭和17年以降、戦局の悪化に伴う兵力動員で成人男性の入植が困難となり、15歳から18歳くらいの少年で組織された「満蒙開拓青少年義勇軍」が主軸となった。昭和13年1月に設立昭和20年終戦まで存続した。

国策における満蒙開拓青少年義勇軍の位置付けは「兵士予備軍」であり、彼らは農業実習とともに軍事教練を受け、軍事的観点から、主にソ連国境に近い満州北部が入植先に選ばれた。

注2　満州開拓の歌

満洲開拓の歌

詩　本間一咲

大陸色に　焼きつけた
五体がっちり　先駆者の
誇りに燃えて　陽があがる
ひろい舞台だ　この朝だ
やるぞ何処まで　根かぎり

花嫁部隊　今日は早や
モンペりりしい　野良仕度
駒よいななけ　雲千里
骨を埋める　覚悟なりゃ
住めば都よ　北の空

日満むすぶ　日の丸と
五色の旗を組立てて
門もうららな　村景色
銃と気負った　開拓の
戦士われらが　気は弾む

せまい天地で　あがくより
胸もすくよな　大原野
拓く男児の　こゝろ意気
見よ日毎に　伸びてゆく
第二の祖国　わが楽土

聞き書き

荒木又次回想記

話し手：荒木又次（大正15年生まれ、92歳）

山川隆之

荒木又次さんは大正15（1925）年、韓国全羅北道井邑《せいゆう》市笠岩《りゅうがん》面川原《せんげん》里で生まれた。父親の幸太郎さんは成羽町（現在は高梁市成羽町）で生まれで、当時日本の植民地であった韓国に渡り、そこで財をなしたという。又次さんは3人兄弟の末っ子で、何不自由なく育ち、10代の数年間を大阪で送った以外、終戦まで韓国で暮らすことになる。

この聞き書きは、自伝をまとめたいと依頼を受け、誕生から今日に至るまでの話を伺い、そのうち生まれてから終戦までを収録したものです。

大阪学生時代の又次

生まれ故郷は韓国・井邑

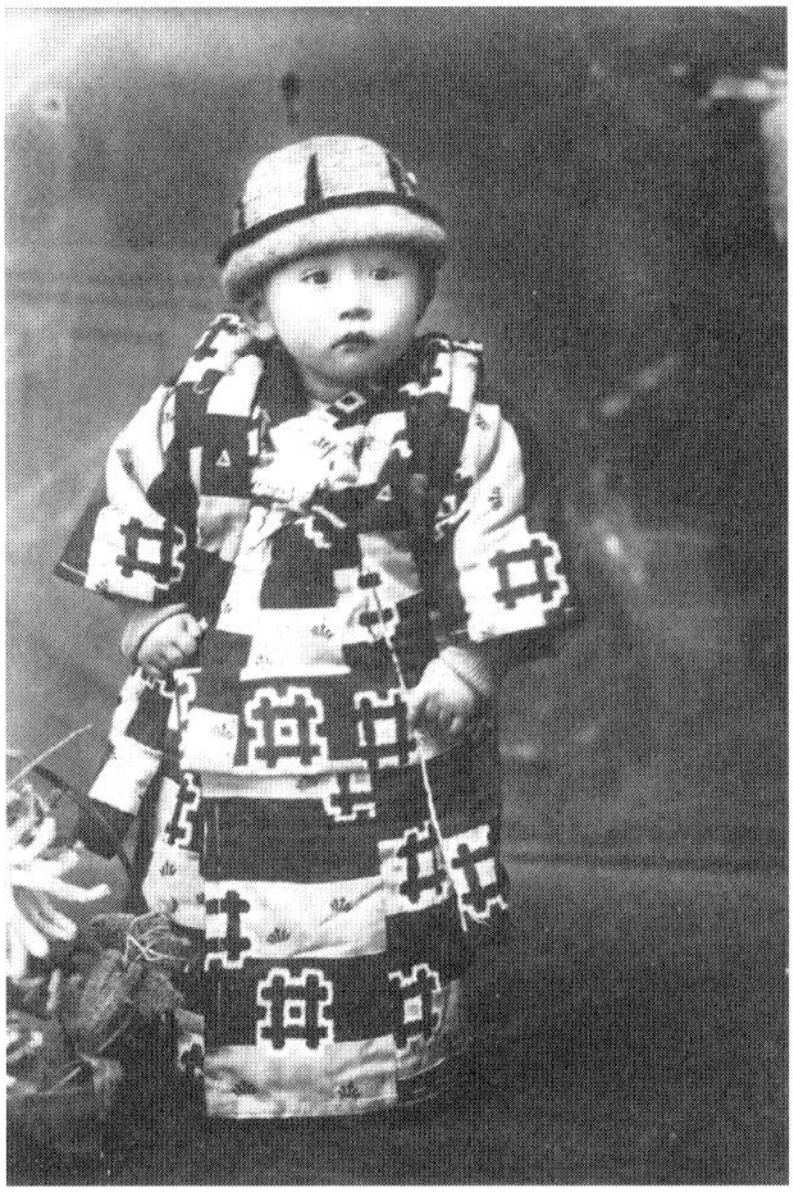

幼少の頃

生まれは、大正15（1925）年1月16日。韓国の全羅北道井邑市笠岩面川原里159番地です。大田《たいでん》から井邑という駅で降りて、群山《ぐんさん》市、全州《ぜんしゅう》市というのが、ここではいちばん大きい都市です。それから少し行ったところに井邑というところがあります。その井邑からまた2里半（約10キロ）バスで移動します。父親がバス会社をやっていましたので、バスなら僕はただ乗ることができました。

父親の名前は荒木幸太郎、母親はハヤノ。20歳以上上の姉・品江《しなえ》と12歳上の兄・幸夫《ゆきお》がいて、私が一番下です。兄弟の年齢がものすごく離れている。12歳違う。一番上のお姉さんからすると、20ぐらい違う。兄弟がいた感じはなくて、一人っ子のようでした。

私が生まれたとき、母は42、43歳じゃないかな？父が45歳のときに生まれた子どもで、こんな年で子どもが生まれたのかと言われて「又次」と付けられたんでしょう。また生まれたみたいな感じで。「又」の「次」だから、非常に厳しい名前で、うちでも孫たちからも哀れ過ぎるという声があるくらいです。だって、お兄さんは幸夫で、自分は幸太郎だと。そんなラッキーな名前を2人は持っていて、なんで私だけ「又次」って付けないといけないのかと、やっぱり怒りますよね。もうちょっと気合を入れて名前を付けろよとは言いたかったですよ。変な名前を付けるから。どこへ言っても格好悪くて。

「くそっ、又次なんて付けやがって」と。それをずっと恨んでいましたよね。でも、字画とかで見たらすごく良かったんです。

　井邑の家の周辺は、日本人もたくさんいました。24軒ぐらいありました。あとはもう全部韓国の人です。実家は、すごい土地持ちで、バス会社とか、いろんな事業をしていました。

　母は主に養蚕をやっていて、養蚕で種（蚕）付けをしていました。1人で、夜の10時に養蚕のクワをやって、夜中の2時か3時にもやって、また朝6時にやって、昼の11時にやってということで、大変でした。でも、母親は好きなので、一生懸命やっていました。蚕棚とか、すごく大きかったですね。地下も掘って、早くできたものはそこへ入れ、もう一つ早くできたものは冷蔵庫へと。大きな、学校ぐらいの建物を3つ建て、それで全部養蚕をしていました。

　蚕はよそで飼うんだけど、オスが早く産まれてメスが遅かったら、オスをしばらくここへ入れて、3日か5日か待たせるために保存しておく。そのための冷蔵庫を自然で作っていたんです。オガワさんとイナバさんとうちの荒木との3軒共同で蚕の種付けをして、1カ所に冷蔵庫を作り、オスが早く産まれたら冷蔵庫へ入れ、メスが早く産まれたらオスを冷蔵庫に入れてオスが産まれるまで待つということをしていました。山が近いので、冬の寒いときに山の上から氷を取って来て、韓国人に担いで持って降ろさせて、それを冷蔵庫に入れていました。川もせき止め、そこで氷を作り、その氷を大きな四角に切って冷蔵庫に入れ、一年中冷蔵庫を使えるようにしていました。うちへ養蚕で働きに来ていた人たちは、全部韓国の人です。

　父親は、バス事業だけでなく、店もやっていたし、あちこちに土地を買ったりしてい

母・ハヤノ

父・幸太郎

た。家の中に大きな池を作ってコイを飼い、塀の向こう側に田んぼがたくさんありますので、その田んぼへコイを流し出す。すると、そこで大きくなって、またここへ戻ると。コイの養殖ですね。

それと地主です。土地は相当ありました。家が、かなり裕福だったかどうかといえば、僕は、金がどうこうということは全然知りませんでした。

母は仕事で忙しくしていたこともあったのか、あまり厳しくしつけられたということはありませんでした。自由に好きに遊んでいなさい、みたいな感じでした。勉強も全然しませんでした。小さいころは、母も父も仕事をしていたら、なかなか構ってもらえません。上の兄とは12違いますから。

私には、育ててくれた韓国人いました。キン・トウイ（金トウイ）という男の子が、僕専属の子守というか、ベビーシッターというか、世話係みたいな人です。子守から始めて、学校へ行くまで、面倒をみてくれました。日本語も上手でね。

年齢はいくつだったでしょう。僕が2回目に行ったときには（高齢で）半分死にかけていましたから、僕よりはだいぶ上です。村役場、向こうには面事務所というのがあります。その面事務所のすぐ隣がキン・トウイの家で、訪ねて行ったときには、半分死にかけているような感じでした。

今から30年ぐらい前の話、いやもっと前かもしれない。僕の世話だけではなく、ほかの仕事もしていました。僕は遊び回るだけで。

川を一つ隔てたところに小学校がありました。センゲン（凤阳）尋常小学校。小学校の先生は、みんな学校の隣に住宅があって、そこへ住んでいました。次々と先生も替わりましたが、昨日、カタオカ先生の息子と話しました。それは、日本人の学校ですね？　日本人だけですから、24人ほどで、男の先生が1人と女の先生が1人と、2人しかいませんでした。それから、1年から3年までと、4年から6年までの2クラスで、2人の先生が。女の先生が女の子に裁縫を教えて、僕は男1人なので、ウナギ釣りに行って。

その3学年の中に男は1人だった。それで、ウナギ

小学校のころ（右の木の前のメガネをかけた背の高い男の子が又次）

釣りに。ウナギ釣りの名人でしたから。釣れる穴というか、住んでいるところが決まっているから。何日かすると、またそこがウナギでいっぱいになる。それを知っている人があまりいないので。ポイントをちゃんと押さえているということですね。

担任の先生の名前は「ウエハラ先生」です。それから、カタオカ先生。どっちも男だな。女の先生は……。郵便局をしていた人の奥さんが先生をしていたんだけど、名前は忘れました。

13歳のときに大阪へ？

韓国に群山《クンサン》というところと全州《ゼンシュウ》というところがあります。全州というのは、全羅北道の都市です。中学に入るとき、勉強を少しもしないのでどこを受けても合格しない。仕方がないので、姉のいる大阪へ行きました。13歳か14歳のときです。

とにかく、学校に行こうとは思ったけれど、どこも合格しなかった。父が「お姉さんがいるから大阪へ行け」と言ってくれました。13歳でお姉さんのところに行って、国史を頑張って勉強して、さっきの錦城商業学校へ入ったんです。

　韓国で、おじいちゃんがお金さえ出せば入れたのに、出してくれなかった。いわゆる裏金というか、ちょっと出してくれればいいのに、おやじがどうしても出してくれなかったからどこにも入れなかったと。それだけじゃない。やっぱり、勉強ができないからですが。

　今から思えば、体育館でもバーンと寄付したら、絶対に入れてくれるとは思いますが。だからというわけではないが、ここへ来たとき、学校へピアノを1台寄付しました。父親は厳しくはないですが、何もしないで酒ばかり飲んで、将棋を指して、家にはいつも誰かが来ていました。仕事もしないで、悠々自適でしたね。


　姉の品江は、大阪薬専の第1期生で、大阪で薬局をしていました。そこで塾へ通わされ、勉強をさせられました。ところが、韓国は国語、算数、理科の3教科が入学試験だったんですが、大阪へ行ったら国史、歴史だけでした。みんなは、6年間全部歴史を勉強しているので、ものすごくよく知っていました。でも僕はずっと韓国にいたので、全然知りませんから、姉にうるさく言われ、朝から晩まで歴史を勉強しましたが、それでも追い付きません。どの学校を受けても、全部不合格でしたが、大阪の八戸ノ里《やえのさと》にある、できて2年目の錦城商業学校にようやく滑り止めで入れて、そこへ通いました。上六《うえろく》というところから近鉄で八戸ノ里まで行き、その学校に通いました。

　今度は国史を一生懸命に勉強しました。ところが、ほかの人たちは6年間国史一本でやっているのでよく知っているのですが、こちらは分からないので、いくら受けても合格しない。だから、できて2年目の学校を受験して、ようやく入ることができたので、そこへ毎日通いました。


　母親は、僕が13歳のときに亡くなりました。母親が亡くなったときは大阪にいたんです。それで、知らせを受けて帰ったんですが、帰ったとき、「あなたが帰るのをお母さんは待っているよ」と。

　死んでも待っていると言われましたが、僕は亡くなった母親のことを見ませんでした。だから、回りの日本人の人はみんなぼろくそに言っていたと思いますが、僕は「死んだ者の顔は見たくない」と。亡くなったのがつらくて見たくなかったというか、もうどうでもいいと。それほどつらかったのでしょう。

長男の父がなぜ韓国へ

父の実家は、成羽の日名でした。当時は、既に韓国も日本が併合して、日本の一区画のようなものだから、その当時、例えば成羽のほうからも韓国へ渡ってそちらへ住むという人はいたんですよ。それは別に珍しいことでもなかったのではと思います。

僕は向こうで生まれたから、父がなぜ韓国へ渡ったかは分かりません。そのへんのことは、父もあまり話したがらないようでした。兄貴が生きていれば少しくらい分かるんだけど、僕には分からない。性格も、あんな小さい狭い所に居たくないというおやじでした。

とにかく日名を出て、はじめ山口県の下関まで行って、鉄道の仕事をしていたようです。その後、九州の鉄道か何かで小使いみたいなことをしていて、これはもう九州より韓国のほうがいいということで韓国へ行って、それで韓国でずっと。韓国でも、いいところではないんです。すごいところのほうが多い韓国へ行って、それで家を建てて、土地を買って、土地をものすごく持っていました。

もともとはアメリカに行こうと思って、忍び込んだ船が、韓国に行ったというような話しも聞いたことがあります。だから、そんなに考えたわけじゃないでしょう。韓国じゃなきゃと思ったわけではなくて、どこかに飛び出してやろうと思って忍び込んだ船が、たまたま韓国に着いちゃったと。

井邑は韓国人の街で、日本人も時計屋など、二、三十軒ありました。そこから2里半ぐらい離れたところへ自分で行って、家を建て、店を持ち、お菓子やしょうゆ・酒なども売っていました。おやじはそんなことはしませんから、たぶん母親がしていたのだろうと思います。

その当時、結局日本から行った人がいわば地主になって、韓国にもともといらっしゃった方たちを労働者として使うという感じの家が多かったんです。どの家もみんな、何人か使っていました。

一番下の叔父さんが今も生きているけど、98歳ぐらいなので、そんなのは分からないと思います。そこに行って聞けばいいのかもしれませんが。でも、ちょっと聞きにくいかな。日名に残っている墓守をしてくれています。

韓国で死んだら、みんな日本へ骨を持って帰って、そこで墓を作りました。13歳のときに亡くなったお母さんのお墓も。そこへあります。

大阪・姉の家での暮らしぶり

大阪の姉のところで、中学受験も含めて世話になったわけですが、そこでお義兄さん、お姉さんの連れ合いの鍼灸師の方がいて、戸の締め方から、歩き方から、水のまき方からと、寝ることまでうるさかったです。大阪は、住んでいたのは大阪上本町6丁目のすぐ近くの東平野町という所で。街中ですね。借家みたいなものがずっとあって。長屋ですね。一番端で薬局を営ん

中学校のころ（右端の学生帽をかぶっているのが又次）

でいました。そこで、自宅兼お店をしていたんですね。

姉が薬局をしていましたが、三十代で亡くなってしまいましたから、ほんの短期間です。品江の夫は鍼灸院をしていました。ぼくが、大阪に住んでいたのは、13歳ぐらいから18歳までかな。19歳で、韓国からまた日本へ帰ってきたので。

卒業後韓国へ、そして入隊

18歳、錦城商業学校を卒業して、すぐ韓国へ戻ったんです。学校を卒業したから、どこかで仕事をということではありませんでした。おやじがたくさん田んぼを持っていて生活には困りませんので、何もしようと思わずに韓国へ帰りました。

帰ったら、19歳から徴兵検査で取られて、隣町まで行くと、そこへ入隊せよと。韓国人と一緒に井邑に入りました。そこでは、逃亡兵を捜すのが任務でした。韓国人が毎日逃亡するので、その捜索です。捜しに行くような格好をして、警察でこういう人間はいないかと確認をして、「いない」と言われると、ああそうかというくらいで、そんなに真剣に捜すということでもありませんでした。

2人か3人で行くのですが、自分が一番下なので道案内をして、2里半ほどしか離れていないので、実家でおいしいものを食べたりして5時前に隊に帰っていました。そうこうしていたら終戦になりました。

まあ、とんでもない兵隊でした。終戦になったので、もう帰れということで、僕は帰ってきました。韓国国内の戦争時代というのは、ちょっとのんびりした感じだったようです。

普通、徴兵検査で入隊して、二十歳前後ですよね。日本でいろんな軍隊の話などを聞くと、いわゆるいじめられたり、つらい思いをしたと記録していたりする人もいるのですが、そういうつらい戦争体験というのは全然なかった。行ったのも隣の町でしょう。逃亡兵を捜しに行けというので、毎日捜しに出ていたら、すぐに終戦でしたから。

兄貴も招集されて、釜山に行っていましたが、第一線には行きませんでしたので無事帰ってきました。

終戦

昭和20年8月15日で、「終戦」になりましたが、そのときは隣村の逃げる韓国兵の捜索もすぐストップしました。

戦争が終わったというのは、部隊を通じて天皇陛下の詔勅が出ましたので知りました。

玉音放送も聞いたような気がします。

戦争が終わったというときに、ほっとしたとか、やれやれと思いました。その時は、すぐ引き揚げて帰らないといけないとは思いませんでしたが、韓国人が大きな門を破って入ってくるようになったので、すぐに日本に帰ろうということとなりました。

15日に終戦になって、17日に除隊というか、部隊が解散になり、それぞれ自分のところへ帰れという話になったわけですね。すると、8月19日ごろから、韓国の人たちの暴動が起こり、いわば日本人の住んでいるところを襲って略奪が始まったんです。

そのときには分かりませんでした。2日ほどしたら、バーッと門のかんぬきを壊して中へ入って来るようになったのです。もちろん、うちにも入ってきました。でも、うちには小作人がたくさんいたので、その連中が守ってくれました。小作人は、みな韓国の人です。3、4人で、韓国語で追い出してくれました。

なぜ、守ってくれたのか？　ですか。うちの家が大きいでしょう。養蚕をする施設もあるし、大きな倉庫があって、そこへ日本の一個中隊の兵隊が来て、中隊長が家の離れに寝て、そこでご飯を炊いてみんなで食べました。米もたくさんあるし、僕も馬に乗っていたので、馬や豚も飼っていましたから、韓国の人でも、いい人はみんなが援助してくれました。

使用人として使っていたので、韓国の人たちを、うちでは、とても大事に使っていたので、韓国の人たちも私たちを大事に守ってくれたのだと思います。略奪されたところというのは、韓国の人たちを割と粗末に扱っているような家が、いわば仕返しのように略奪されたのではないでしょうか。

荒木家は、たくさん物を盗まれたり物がなくなることは、あまりなかったですが、おやじが質屋もしていたので、少しはあったと思います。そこの車庫ぐらいの蔵を造り、そこへ質で預かった物を入れていました。

闇船で韓国を脱出

僕は、ひとつも怖いと思いませんでした。韓国の人も守ってくれましたから。それで、その騒ぎが収まって、10月15日ごろから、日本人は韓国から引き揚げろという命令が来た。やっぱり生命、財産の危険みたいなことがあるから帰ってこいということなんでしょうね。

お父さんとお兄さんとは、一緒に帰らなかったな。僕は、1人闇船で帰りました。群山港から、日本人が10人～15人、みんな1万円か2万円出して、船1艘を借船して一緒に帰ってきました。

当時は釜山から山口の門司とかが一般的なルートだったんです。普通ならここから釜山へ行って、釜山から鉄道でずっと大田まで行って、大田からずっと下りてくる。

釜山まで行かないといけなかったので。釜山からだと、闇船ですぐには帰れないから。近くの群山の港からでした。着いたのは、確か山口の小串だったと思います。

闇船で帰れば確かに近いですが、日本人が大勢いるし、韓国にも悪い人ばかりではないので。捕まったりするとか危ないということはなかった。ただ、財産とかはもう全部取られました。残ったのは襟に入っていたものだけです。韓国側で出るときに取られたんです。全部没収されて。はい。襟のところに縫い付けて入れていた20円か30円だけ。取られるかもしれないと思って隠していたと。

それでも田んぼはたくさん持っていました。終戦後のことです。日本に引き揚げてきてから、国から韓国にあった財産を申告しろと言われて、それをまとめるために1カ月かかりました。習っていない英語で書けと言われ、辞書を引きながら、1カ月かかって土地を申告しました。どれだけ資産があったかというのを把握するためですね。

申告したのですが、それでも一銭もくれませんでした。現金を預けたものは返してくれましたが、現金ではない田んぼや家については、一銭も戻ってきませんでした。
それは、韓国に取られたからおまえには渡せないということだと思うのですが、それなら申告させなければいいのに、ものすごい時間をかけて書いたのにね。

帰国

山口の小串港に着いて、父親の実家がある日名へ帰って、どこでちょっと居させてもらいましたが、実家が狭いので、上のお寺（実相寺）でお世話になりました。おやじがそこへ寄付をしていましたし、終戦後には僕もしましたから。

１人で帰って、それからまた釜山へ行きました。終戦になってからでも２回韓国へ行っています。おやじや、兄貴が兵隊に行っていたので、兄貴の嫁さんと子どもを連れに。そのときは、兄貴も帰ってきたし、おやじも帰ってきたし、姉さん（兄貴の嫁さん）も帰ってきたし。一緒だったと思います。

その時も闇船で。闇船の船底へ敷いて、そこに入ってました。それは隠れていたんですね。漁船です。20、30人しか乗れないような船です。隠れて、密航みたいな感じでしょうね。じゃあ、日本人も何人かいたんです。20人ぐらいはいたでしょう。

一家でお寺に行って世話になりました。実相寺のほうへ。僕も、１日か２日かそのお寺にお世話になりました。が、引き揚げてきた足で広島へ行きました。

論考

聞き書きの可能性

佐藤伸隆

はじめに

「文化とは、フグちり（テッチリ）である」とは、テレビ番組「3年B組金八先生」で坂本金八先生（武田鉄矢）が教室の生徒たちに諭した台詞だ(1)。

金八先生　「文化とは何か？」
生徒たち　「……」
金八先生　「文化とは、ふぐちりであると坂口安吾という作家がそう言った。最初、ある人が北九州に住んでいて、ふぐなんて食べたことないけど食べてみようと頭から食っちゃった。もちろんこの人はふぐの猛毒に当たって死にました。」
生徒たち　「……」

金八先生　「しかし、しかしだ。死んでゆくとき、なんかひと言、言い残さなくてはと〝どうも目玉を食ったのがいけなかったらしい〟とそう言った。そして次の人が出てきて、おれも挑戦してみよう、と目玉を取って食ったけれど、やっぱり七転八倒して今度は〝皮がイケなかった〟と言い残して死にました。そしてその次の人は骨が悪いというように、人々のなんとも言えない歴史が滔々と続いて、今日われわれは安心して、ふぐが食べられることになった。つまり文化というものは、こうした積み重ねのうえに受けつがれて存在しているものなのだよ。そして、こうしたご先祖さまのおかげをこうむって今日あるわれわれは、次のまた次の時代に、人間が幸せになるものを残さにゃならん責任ってもんがあるんだ。だからお前たちは、そのために苦しい受験勉強と戦っているんだよ。」

生徒たち　（うなずく）(2)

事の真偽はともかく、おそらくは坂口安吾著『ラムネ氏のこと』(3)をして金八先生にそう語らしたのだろう。今から30年以上前に放送されたドラマの情景が、ありありと蘇るから不思議だ。

フィクションとはいえ、このシーンは「文化」のもつ意味を端的に言い表しているように思う。即ち、文化とは同じ「場」に暮らす人たちの共同性（ヨコのつながり）と、世代を超えた経験の積み重ね（タテのつながり）によって創造されるものであって、言うならば、地域に暮らす人々の日常生活の積み重ねが、時を経てらせん状に巻き上がり（スパイラルアップ）、やがて「文化」という果実を実らすのではないだろうか。

さらに、先のドラマシーンは、文化を創造する主役が歴史に名を残す著名人のみにあるのではなく、むしろ、市井の人たちがそれを創造する主役であることを示唆している。

いわんやそれは、文化の源泉である地域住民の営みを後世に伝えることの意義を、また、それを言葉として表すことの醍醐味を、ひいてはそれを住民自身が行うことの意味をわれわれに示しているように思えてならない。

こうして、われわれは地域に暮らす高齢者をはじめ、今この時を生きるさまざまな人の暮らしを伝承する手段としての「聞き書き」の意義を再認識するのである。

もっとも、従来の聞き書きは、学術研究や著名人の人物記（半生記）の手法として専ら研究者・教員や作家などの専門職（家）が著する感が否めなかった。もちろん、それはそれで文化の創造、継承に大きく貢献している。しかし昨今、「聞き書き人の会」をはじめとする団体・グループが次々に結成され、各地で活発な活動を行っている現状は、聞き書きが地域住民とともに新たな域へ歩を進めようとしていることの現われではないだろうか。さらに今日、聞き書きは教育や看護、介護、福祉など、人を育成、支援する場をはじめ、地域創生やまちづくりの場にも広がりつつある。これらは即ち聞き書きの新たな可能性を、ひいては新鋭の「文化」の創世を予見させることに他ならない。

そこで本稿では、聞き書きを巡る今日的な概念の整理を試み、今後の新たなスパイラルを生じさせるための敷石としたい。

⑴番組中で坂本金八（武田鉄矢氏）のセリフに「文化とはふぐちりであると坂口安吾という作家が、そう言った」とあることから、坂口安吾がその旨を「言った」あるいは「書いた」とする説が広がるが、筆者の能力ではその事実を見つけられない。なお、3年B組金八先生の脚本家である小山内美江子著『21世紀を生きる君たちへ　日本の明日を考える』（岩波ジュニア新書　1984 pp.188―190）に同旨の記述がみられる。

⑵小山内（1984 pp.188―190）を一部修正

⑶坂口安吾「ラムネ氏のこと」『坂口安吾全集3』筑摩書房、1999他

1. 聞き書き昨今

（1）〝聞き書き〟とは何か

「聞き書き」〔聞書〕とは何か。辞書に頼れば「聞いた話を書き留めること。また、その記録。古くは間接的な見聞を書き留めたもの」とあり、また「口授、講義などを筆録したもの」ともある(4)。

昔には「打聞《うちぎき》(5)」「紀聞《きぶん》(6)」と呼ばれており、その歴史は江戸時代を超えて少なくとも平安後期にまで遡り、歌集や詳伝の手法として用いられてきたという。

今日の聞き書きは、学術研究の手法として用いられるほか、文化・技能・地域伝承活動や人物伝（半生記）、その他幅広い分野で取り組まれている。また、その呼称も聞き書きのほか、オーラル・ヒストリー、ライフ・ストーリーなど多様だ。

(4)松村明編『大辞林第三版』三省堂　２００６

(5)他者の言葉を聞いたままにそのまま書きつけることで、和歌集の代名詞。『打聞集』は平安時代後期の仏教説話集で１１３４（長承３）年に僧栄源が僧の講説を聴くままに記録したものとされる。

(6)他者から聞いたことを記録すること。『西洋紀聞』（１７１５年頃）は、新井白石がイタリア人宣教師のG・B・シドッチを尋問したときの記録をまとめたもの。

（2）聞き書きの広がり

ところで、聞き書きといえばまず『遠野物語』『忘れられた日本人』を思い起こすこともあろう。❶学術研究手法としての聞き書きは民俗学をはじめ、文化人類学、社会学、心理学等の人文・社会科学領域を中心に、住民や地域社会の風習、風俗、日常的行動や生活様式等を直接聞き取り記録する手法として用いられている。特に、柳田国男や宮本常一などに代表される民俗学分野では、調査手法として聞き書きを広く用いているが、一口に聞き書きと言っても民俗学におけるそれは、「巡歴・移動型」と「一点集中・定着型」の2種があるとされ、適宜使い分けられているようだ[7]。この他、文化人類学や社会学におけるエスノ・グラフィー[8]や心理学における半構造化面接[9]等でも類似した手法を用いる。

次に、❷文化・技能・地域伝承活動の手法としての聞き書きは、例えば地元岡山の立石憲利らが編纂する数多くの伝説・伝記集や、加藤秀俊他編『人づくり風土記　全国の伝承　江戸時代聞き書きによる知恵シリーズ33ふるさとの人の知恵岡山』（農山漁村文化協会、1989）、山陽新聞社編『伝みらいへ　岡山文化界聞き書き』（山陽新聞社、2002）など地域の文化、伝承物がその典型である。また、赤嶺淳編『グローバル社会を生きる①クジラを食べていたころ』（新泉社、2011）や安渓遊地・安渓貴子編『島からのことづて　琉球弧聞き書きの旅』（葦書房、2000）などは地域社会の様子を伝えることに主眼をおく。

さらには、今日的な取り組みとして、インターネットを活用して展開する環境省の環境啓発「里海ネット」[10]。自然と共にある暮らしの大切さを受け継ごうとする「聞き書き甲子園」[11]や日本財団&NPO法人共生の森「被災地の聞き書き101」等は、聞き書きを活用した新たな視点、方法による文化・技能・地域伝承活動だと言えよう。

加えて、❸人物伝（半生記）やルポルタージュ等の文芸（文学）作品としての聞き書きの内、前者については、矢沢永吉著『成りあがり』（角川書店、2004）や柄本明述『東京の俳優』（集英社、2008）、小田豊二著『どこかで誰かが見ていてくれる―日本一の斬られ役福本清三―』（集英社文庫、2005）など芸能人の半生を書いた聞き書きがある。また、御厨貴・牧原出『野中広務回顧録』（岩波書店、2012）、緒方貞子・野林健『聞き書緒方貞子回顧録』（岩波書店、2015）など政治家や学者、政府関係者などの人生を回顧的にまとめた作品もある。
これとは別に、塩野米松・西岡常一・小川三夫著『木のいのち木のこころ天・地・人』（新潮文庫、２００５）は、木に関わる職人（専門職）を書いた聞き書きであるほか、さらに近頃は本書をはじめ市井の人々が市井の人々の人生を聞き書きする活動も盛んだ(12)。

一方、後者のルポルタージュ作品としては、エドワード・ファウラー著『山谷ブルース』（新潮ＯＨ！文庫、２００２）や立花隆『宇宙からの帰還』（中公文庫、１９８５）、さらには小田豊二・真殿達監『私は、あなたを忘れない　聞き書き：学生たちが記録した東日本大震災』（麗澤大学出版会、２０１２）などがある。

そして今日、❹中井浩一・古宇田栄子著『「聞き書き」の力』（大修館書店、２０１６）や六車由実『驚きの介護民俗学』（医学書院、２０１２）などは、「教育」や「介護」「看護」「福祉」分野における新たな聞き書きの可能性を提示しているほか、グローバル社会を歩く研究会『グローバル社会を歩く』シリーズ①〜⑥（新泉社）などは、聞き書きを媒介して都市部・中山間地域における地域再生やまちづくり、人財育成を行おうとするものである。

こうして今日の聞き書きは、❶学術研究手法、❷文化・技能・地域伝承活動、❸人物伝（半生記）・ルポルタージュに❹人の育成、支援（教育・看護・介護・福祉）や地域創成・人財育成の手法を加えて大きく4類型することができるだろう。

もっとも、これらの聞き書きは、いずれかの分野に単純に分類されるわけではない。ひとつの聞き書き活動に複数の意味合いや目的がある場合も多く、むしろ、その方が一般的だともいえる。

例えば、❶と❷が密接な関連性をもつことは言うまでもなく、また、❷の地域伝承活動を目的の一つとする聞き書き甲子園は併せて、❹高校生の学習や進路選択もその目的としている。さらに、聞き書き人の会を初めとする多くのサークル・グループの活動は、❸地域に暮らす人の人生を半生記、伝記として残すことを主眼としつつ、❷文化・技能・地域伝承の面を併せもつ。さらに、❹介護民俗学も、「介護民俗学」としての新たな研究領域を模索すると同時に、❷高齢者のもつ知識や技術を後世に伝承する目的もあるほか、ひいては聞き書きを高齢者ケアの技術として取り込もうと試みている。

このように、今日の聞き書きの目的は多岐にわたり、さらに各々は交錯性をもつといえよう。《図表1》

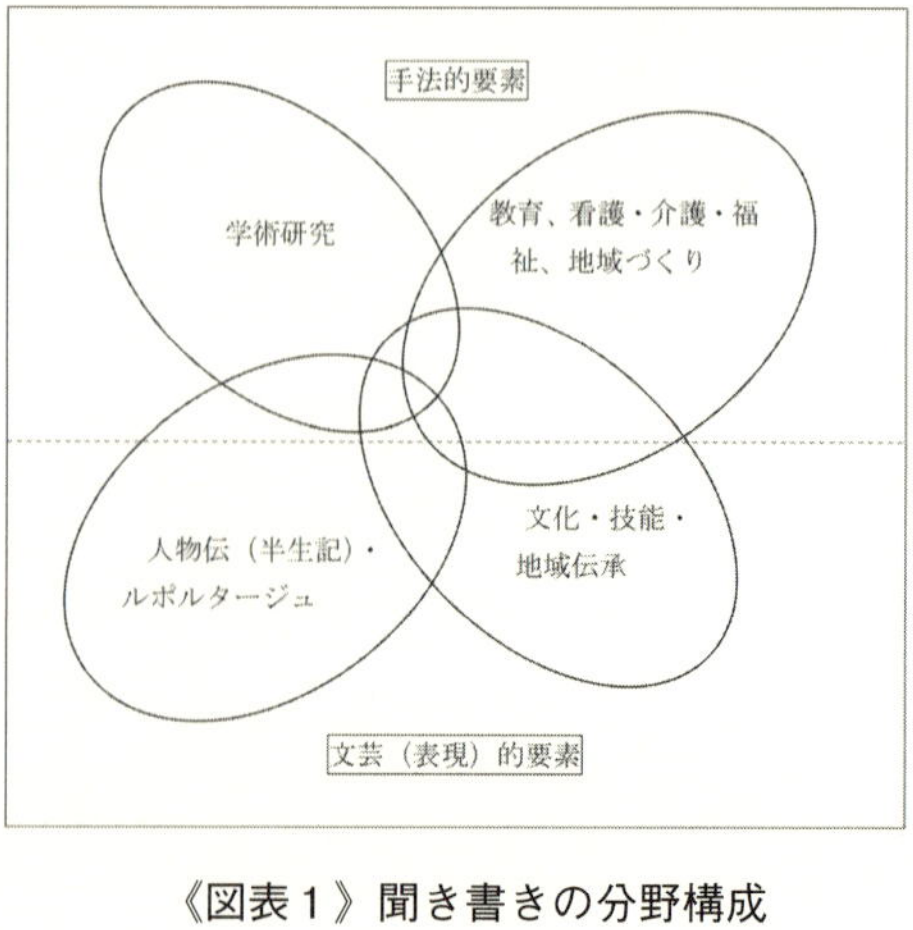

《図表1》聞き書きの分野構成

(7)小松和彦他編『講座日本の民俗学』雄山閣、1998

(8)ethno-（民族）-graphy（記述）。集団や社会の行動様式、特に「文化」としての特徴や日常的行動様式をフィールドワークを用いて記録する方法。

(9)心理面接方法のひとつで、3段階区分のうちの一つ。順に構造化面接は、あらかじめ定められた質問項目（アンケート様）に沿って順序通り行う面接。半構造化面接は、予め大まかな質問項目を定め、それに沿って面接を行うが、回答によって質問を広げたり掘り下げるなど柔軟に行う面接。非構造化面接は、質問項目を定めず自由に展開して行う面接。

(10)里海（人の手が加わることによって生物生産性と生物多様性が高くなった沿岸海域）の概念や重要性、里海づくりに関する情報を国内外に発信することによって里海創生活動の支援を行うことを目的に環境省が作成したネット。

(11)NPO法人共存の森等が主催する。高校生が森や海・川の名人＝農山漁業に携わる人を訪ね、その知恵や技術、ものの考え方や人となりを「聞き書き」し記録する活動。

(12)例えば、岡山県内の団体・グループ等が発行した市民による市民を対象とした聞き書き集は、聞き書き人の会編『聞く、書く。』創刊号～第4号、吉備人出版／聞き書き笠岡実行委員会編『聞き書き笠岡』→備中聞き書き実行委員会編『聞き学備中』同実行委員会・吉備人出版他などがある。

（3）聞き書きの主人公

聞き書きの主体は自分自身の経験や考え、あるいは地域の風習や伝承、出来事を話す「語り手」と、その話を聴き、文章に書き起こす「聞き手」（＝「書き手」）によって構成される。

「語り手」は前項の聞き書きの目的によって異なり、❶学術研究における聞き書きでは、研究対象となる特定の人や地域住民が語り手となり、❷文化・技能・地域伝承活動におけるそれは、その文化・技能・地域をもつ（知っている）人が語り手となる。次に、❸人物伝（半生記）・ルポルタージュの聞き書きは、主人公となる人が「語り手」となるが、ここでいう「人」とは必ずしも1人とは限らず、場合によっては2人以上（夫婦や職場仲間など）になる場合もある。さらに、❹人の育成、支援や地域づくりとして行う聞き書きは、その目的に応じた人、例えば生徒の保護者、兄弟姉妹、さらには患者、介護・福祉サービス利用者、地域住民等が主体となる。

他方で「聞き手」（＝「書き手」）について、❶学術研究の「聞き手」は自ずと大学や研究所に属する研究者が中心となる。

また、❷文化・技能・地域伝承活動における「聞き手」について以前は専ら研究者や専門職（家）あるいは郷土史家と呼ばれるセミプロの得意とするところだったが、近年になって市民団体、グループなども積極的に取り組むようになってきた。例えば、後者の典型として聞き書き甲子園を主宰するＮＰＯ法人共存の森などがある。

さらに、❸人物記・ルポルタージュについても、かつては聞き書き作家やルポルタージュ作家が主流だったが、近年は聞き書き人の会をはじめ、あすけ聞き書き隊、宮崎聞き書き隊など各地域に聞き書きを主宰する市民団体・グループが結成されてきたほか、グループには属さず個人で活動している人もいる。

最後に❹人の育成や支援、まちづくりの「聞き手」は学童生徒から学生、教員、看護師、介護・社会福祉士などである。

なお、《図表2》は聞き書きの4類型（上段）ごとに研究者・専門家・作家などが占める割合と市民の団体やグループ、個人が占める割合を大まかに表したものだが、これをそのまま過去から現在への時系列に置き換えて眺めれば、研究者・専門職（家）中心の聞き書きから、市民団体・グループ、個人へ広がってきた今日の状況に置き換えられるのは不思議だ。

つまり、聞き書きの目的が専ら❶学術研究や❷文化・技能継承、❸著名人の人物記（半生記）・社会問題のルポルタージュに限られていた時代には、聞き手も研究者や専門家・作家が中心だった。しかし、今日に至って聞き書きの目的が広がるにつれて、その聞き手も市民団体やグループ、個人に広がってき

分類	❶学術研究　❷文化・技能伝承　❸人物記・ルポ　❹人の育成支援・まちづくり
割合	研究者・専門家・作家 市民の団体・グループ、個人
時系列	過去　⇒　近年　⇒　現在

《図表2》聞き手・書き手の割合

聞き書き
- 個人
  - 研究者＝大学等教員／研究員／司書など
  - 文筆業＝作家／ライター／記者など
  - 市　民＝郷土史家／一般市民／ボランティアなど
  - 専門職＝教員／看護師／福祉・介護従事者／コミュニティ・ワーカー
- 団体
  - 研究機関＝大学等／研究所など
  - 出版業界＝出版社／新聞社など
  - 教育機関＝中高校／大学等／専門職養成施設など
  - 公的団体＝公民館／図書館／社会福祉協議会／福祉・介護事業所など
  - 民間団体＝NPO 法人／ボランティアグループ／まちづくり団体など

《図表3》聞き手の属性

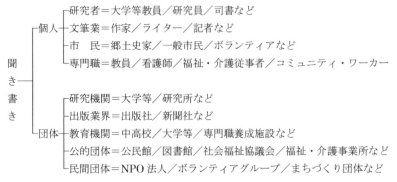

たといえるだろう。こうした広がりの背景にはＡＶ・ＰＣ機器の開発、普及などのほか、市民が社会参加しやすい条件（社会意識や法制度）が整備されたことが大きかろう。いずれにしても「語り手」「聞き手」双主体の広がりが今日の聞き書きを成長させているといえるのではないだろうか。

一方、「聞き手」を個人、団体に大別したうえで属性別に眺めると《図表3》のとおりとなる。特に最近は地域の図書館や公民館、市民センター等で「聞き書き養成講座」を開催しているところもあるほか、高齢者＝福祉、介護と結び付けて各地の社会福祉協議会・ボランティアセンター等が聞き書きボランティアを募り始めている。こうしたことからも主体としての「聞き手」側の広がりを理解することができる。

2. 聞き書きの特長

（1）語り手と聞き手（書き手）の協同性

こうして研究者や専門家、作家から一般市民へと広がり、ある意味で市民権を得ることとなった聞き書きにはどのような魅力があるのだろうか。

中井浩一・古宇田栄子によると、聞き書きは描写文の一種であり、さらに小説と説明文、意見文に三分した後の説明文に属するという[13]。《図表4》

エッセイやルポルタージュ、ノンフィクションと同類の聞き書きは、事柄を客観的にとらえ、正確に伝えることを旨とするが、その文体は他の説明文にはない独特の特長をもつ。

井上ひさしは日本聞き書き学会の会報に「『聞き書き』は、話している人の言葉を使って

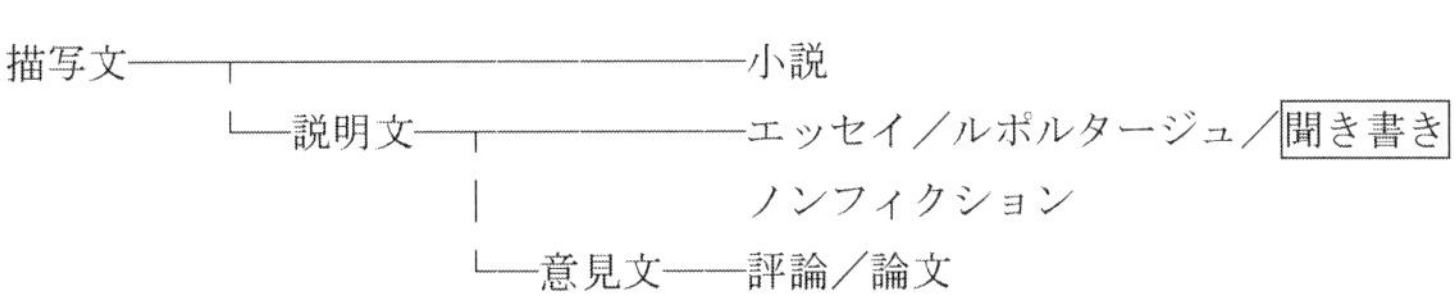

《図表４》聞き書きの文章表現分類上の位置
（中井・古宇田（2016）を基に佐藤作成）

その人の雰囲気を伝え、書き言葉とは言えない不思議な中間の言葉で表現していく」とその特長を表している。さらに井上は『聞き書き』は話し言葉でもない、書き言葉でもない、中間の談話体を作ろうとする大きな実験」ともいう[14]。

確かに聞き書き体で表された文章を読み進むうちに、まるで語り手が目の前にいて話しているかのような錯覚に陥り、その口話に（実際には読んでいるのだが）のめり込む感覚を覚える。まさにこの感覚が井上の言う「中間の講話体」だと言えるだろうし、この感覚は実際に聞き書きを読み、書いた経験者にしか実感し得ない不思議な感覚でもある。

さらに、聞き書きは語り手が聞き手に対して一方的に喋りまくるものでも、聞き手が語り手を質問攻めにするものでもない、いわば語り手と聞き手のコミュニケーションによって進められる真の意味でのインタビュー（interview）[15]である。

つまり、一方に自らを語ろうとする人がいて、他方にそれを聴こうとする人がいる二者関係を基盤として、お互いが会話を通してコミュニケーションを図る過程で波長合わせを行い、さらに受容、共感し合いながら信頼関係を深めることで、いわばグループ・ダイナミクス（集団力学）[16]による協同性が生じるのだ。日本聞き書き学会や聞き書き人の会はそれを「共同作業」という言葉で表している。

要するに聞き書きとは、語り手と聞き手によって構成され、両者の交互関係によって形成された協同性を基に、双方の会話を聞き手（書き手）が聴き取り、それを語り手の一人称によって文章化する作業だといえよう。このように聞き書きには他の描写文、説明文にはない表現上の特長がある。

さらに、聞き書きの第一人者である塩野米松は、聞き書きのもつ魅力を、❶通常ではあまり話さない人と深く話せる、❷まとめた文章は民俗学の資料に匹敵する、❸聞き手の人生を反映する文芸である、❹相手の人生が職業を通じて浮かび上がる、❺他のノンフィクションにはない表現方法としている[17]。

こうした特長が広く市民を引き寄せ、今日のような広がりをみせているのではないだろうか。

⒀中井浩一・古宇田栄子編著『「聞き書き」の力』大修館書店、2016、p.155

⒁日本聞き書き学会『日本聞き書き学会報 vol.』、日本聞き書き学会、2001 http://www.kikigaki.gr.jp/gaiyou.html

⒂innta-（相互の関係に立って）-view（観察する）とあるように、インタビューは単に質問することではない。本来は両者の相互関係によって成り立つ。

⒃ある集団（相互関係によって結ばれた2人以上の集まり）の中で、その構成員が相互（交互）に影響を及ぼし合って発達していく過程、あるいはその関係をいう。グループダイナミックスには、①自己実現、②人格、価値観形成、③自己（相互）変容、④社会性の獲得などの効果が得られると言われている。このようにグループダイナミックスは人の成長を助長する効果を有しており、グループ活動はこれらを促す重要な手段となり得る。言い換えるならば、意味のあるグループ活動を経験することで人は自らを大きく成長、発達させることが可能であるともいえよう。

⒄「聞き書き研修」テキスト《事前学習用》『塩野米松流 聞き書き術』（第1回森の〝聞き書き甲子園〟事前研修―平成14年8月27日塩野米松先生の講義より）http://www.foxfire-japan.com/program/tech01.html

（2）聞き書き言葉

しばしば述べてきたとおり、聞き書きの文章表現は一人称による口語（講話）体を基本とする。もっとも、話し言葉をそのまま文章化すると、文節や言い回しの関係で読みづらくなる場合がある。また、聞き手の質問等を表記することができないほか、状況描写も記述することができないことから、語り手の発した言葉だけでは文意や状況が十分に伝わらない場合もあり得る。そこで、聞き手が発した言葉や周囲の状況を語り手の言葉として表記する場合がある。これがいわゆる「聞き書き言葉」だ。

なお、❶学術研究手法としての聞き書き（エスノ・グラフィー）では調査対象者（語り手）が発した言葉を一言一句そのまま記述することが大前提であり、一語たりとも書き換えれば、それは研究資料としての価値を失う。加えて擬音や言葉の詰まり、間合いや口調まで誠実に再現して記述することが求められるのだ。その意味からも学術研究における聞き書きは他のそれと基本的性格を異にするものといえるだろう。

今ひとつ、古宇田栄子は既述の一人称口語体である①一人語り形式を主としたうえで、②一問一答方式、③口述＋説明形式、④ドキュメント（記録文）風形式も含めて広義の聞き書きと位置づけている。[18]《図表5》

もっとも、古宇田は聞き書きを教育に活用することを前提としてこの4種を挙げていることに注意する必要がある。また、中井浩一は塩野米松との対談の中で「文章のまとめ方についても、一人語りもあると言っていますけれども、一人語りである必要はないと言っている。むしろ僕の場合は高校生に自分の意見を積極的に作らせるっていうことを目的にしている面があるので、一人語りよりは、自分の意見を前面に出せるような形の指導のほうを中心にしています。」[19]と言い、教育における聞き書きの広義性を述

文体	説明
Ⓐ一人語り形式〔主〕	聞き手の質問をすべて消し、最初から最後まで語り手の話だけで書いていく方法。語り手の人柄やその場の雰囲気を表現可能。語りによる描写力、再現性を発揮。
Ⓑ一問一答形式	聞き手と語り手のやり取りを交互に、再現するように書いていく方法。語り手の人柄がよく表れる。
Ⓒ口述＋説明形式	語られた内容を書くだけでなく、語り手の表情やその場の雰囲気を書き加えたり、調べたことや聞き手の考えを書き込む方法。
Ⓓドキュメント（記録文）風形式	一見、一人語り形式に似ているが、一人語り形式は一人称で書くのに対して、ドキュメント風はそこを三人称（祖父は……／彼女は……）で書く方法。

《図表5》教育における聞き書きの文体
（⒅中井・古宇田（2016）を基に佐藤作成）

べている。したがって、一般的に文化・技能・地域伝承や人物記（半世紀）として聞き書きを行う場合、果たしてⒷ〜Ⓓを聞き書きに分類することの是非はあるだろう。

なお、先の対談で塩野は「人に会ってまず話を聞く、それからまとめるという作業のところは両方とも同じなんです。ただその仕上げ方の問題と立ち位置の問題でいったときに、入れ物は中井さんの方（先の4類型）が大きいので、僕らはその中のこういうやり方ですよっていうふうに収まるんだろうと思うんです。」[20]としている。今後の議論が待たれよう。

(18)中井・古宇田（2016）、pp.97-102
(19)中井・古宇田（2016）、p.127
(20)中井・古宇田（2016）、p.128（ ）内筆者注記

（3）オーラル・ヒストリー

聞き書きと類似した手法に「オーラル・ヒストリー」（oral history）がある。わが国にオーラル・ヒストリーを普及させた一人とされる御厨貴はそれを「公人の、専門家による、万人のための口述記録。個人や企業の経験をインタビューし、記録を作成して後世に伝える」[21]手法だとすることから、オーラル・ヒストリーはその対象を「公人」としている点や、執筆者を「専門家による」としている点、さらには、あくまでも「記録」にこだわる点などがその特徴といえるだろう。

もっとも、日本オーラル・ヒストリー学会は、趣意書の中で「わが国では聞き書き、生活史、口述史などの名称で古くから用いられた手法から、近年広まりつつあるオーラル・ヒストリー、ライフ・ヒストリー、ライフ・ストーリーなどの手法を含めると、口述による記録は太古の昔から現在まで重要な役割を果たしてきた」[22]として、

聞き書きをはじめ、類似するカテゴリーを並列に表記しているほか、今日では後藤春彦・佐久間康富・田口太郎著『まちづくりオーラル・ヒストリー』（水曜社、２００５）のようにオーラル・ヒストリーを活用した地域づくりが試みられるなど、必ずしも御厨の定義によらない例も出てきている。

(21)御厨貴『オーラル・ヒストリー――現代史のための口述記録――』中公新書、２００２

(22)日本オーラル・ヒストリー学会：http://joha.jp/category/about

3. 聞き書きの舞台

(1) 団体・グループ活動の広がり

前項まで、今日に至る聞き書きの概況を著してきたが、改めて今日、各地の団体・グループが、聞き書きをどのようにとらえて活動しているかをまとめておこう。

もっとも、現在のわが国に、聞き書きを行う個人、またそれを主宰する団体がどこにどれだけ存在するのかを正確に把握しきれていない。まして昨今は聞き書きを行う市民、団体が日毎に増えていることから、それを一層困難にしている。そこで、本稿に名称を挙げた団体を中心にインターネットで容易に検索できる範囲内で、関係団体が掲げる聞き書きの定義、意義あるいはそれに類するものをまとめた。《図表6》

	団体・論者	定義（上段）／意義（下段）※それと推するもの
学会	日本聞き書き学会[9]	語り手と聞き手が対話を重ねて、語り手の人生や思いを「話し言葉(聞き書き言葉)」で文章化していく共同作業。
		① 人それぞれの歴史を残して行くこと、②話し言葉による芸術の復活、③世代間のコミュニケーション
	日本オーラル・ヒストリー学会[23]	インタビューに基づいた口述の歴史や語り。
		口述による史資料の記録。
目的別団体	環境省里海ネット[24]	話し手の言葉を録音し、一字一句すべてを書き起こして、ひとつの文章にまとめる手法。
		仕上がった文章からは、話し手の語り口や人柄が浮かび上がり、「聞き書き」を通して、地域に住んでいる人たちの持つ知恵や技、その生き様やものの考え方を学び、受けとめることができる。
	聞き書き甲子園実行委員会[25]	話し手の言葉を録音し、一字一句すべてを書き残したのち、一つの文章にまとめる手法。
		名人の智恵や技を学び、そして生きざまやものの考え方を丸ごと受けとめ、学ぶ。
	東京財団×共生の森「被災地の聞き書き 101」[26]	一対一の対話を通じて、話し手の人生や価値観を言葉で紡ぎだす作業。聞き手は、質問に対する話し手の受け答えを録音し、一字一句を書き起こして、その語り口を活かしながら話し手の言葉だけで文章をまとめる。
		被災からの復興、それとつながる生活の見直し、その積み重ねの先にある社会の新たなかたち。その足場として、暮らしにひそむかけ替えのないものに、もっと目を向けていく必要があるのではないか。復興計画や社会の仕組みも暮らしにあったものをつくることが大事。その思いで、2011 年 7 月に「被災地の聞き書き 101」を始めた。
	聞き書きプロジェクト "MEMOKKO"	東北沿岸地域のみなさんの普通の暮らし、生活に根付いた伝統・文化・産業などを聞き書きで残し、次の世代に伝える市民ボランティア活動。
		2011 年 7 月、被災者に話をとことん聴いていこうという呼びかけによって開始。よそ者の知り得なかった地域の風習、伝統文化や、語り手自身の歴史について「このまま聴いて終わりでよいのだろうか、残していく必要があるのではないか」いう思いが芽生えてきた。
	備中聞き書き実行委員会[27]（岡山）	地域に根ざして暮らしているおじいちゃん・おばあちゃん（匠・名人）を訪ね、知恵や技術、ものの考え方・生きざまを聞き、話しことばだけで文章にまとめる。
		生きるヒント、道しるべがあるのではないか。文章にしたからこそ分かる、真に伝えたかったこと。 失われつつある文化や伝統そして知恵や技術。高校生による「聞き書き」は生活文化を後世に伝える貴重な記録。

《図表6 - 1》聞き書き団体が挙げる聞き書きの定義、意義（筆者要約）

	団体・論者	定義（上段）／意義（下段）※それと推するもの
地域団体	**聞き書き人の会**[28]（岡山）	語り手と聞き手が対話を重ねて、語り手の人生や思いを「話し言葉（聞き書き言葉）」で文章化していく共同作業。
		その時代に生きているひとりひとりの人生を「歴史」として記録していく取り組み。
	矢掛町立図書館聞き書きボランティア養成講座[29]（岡山）	語り手が生きてきた時代の地域の自然や歴史・文化・生活を聞き、その人の言葉で書いて記録に残す活動。
		戦後70年を迎え、激動の時代に生まれ、生活をし、生き抜いてこられたお年寄りから学ぶ事は多くある。長年携わって来られた職業・趣味・生活を通し得た知恵や技術・思いを聞かせていただくことによって、今を生きる私たちの力にもなる。
	岡山市立足守図書館「聞き書きボランティア養成講座」[30]（岡山）	地域に暮らす人と対話し、その人が生きてきた時代の地域の歴史や文化、知恵や技術を聞き取り、記録としてかたちに残す活動。
		足守の歴史や文化を記録として後世に残すことで地域の魅力を伝え、持続可能なまちづくりに繋げるESD事業として「聞き書き」に取り組む 。 ※ESD（Education Sustainable Development）：持続可能な開発のための教育）
	あすけ聞き書き隊[31] [32]（愛知）	・一人の「話し手」の方に対して、一人の「聞き手」が1対1で話を伺う。 ・人生の先輩であるお年寄りの方々に、昔の仕事や生活の知恵や技、暮らしの苦労などなど、その生き方を聴かせていただき、「話し言葉」だけで文章にまとめる。
		自分が生まれ育った土地のことをもっと知りたいし、文字で残したい。できる限り長く続けて、多くの人の「聞き書き」を残していくことでその価値はどんどん大きくなり、足助の財産になる。
	白十字在宅ボランティアの会[33]（東京）	人生の先輩であるお年寄りにどう生きてこられたかを語っていただき、聞き手は、その経験、 体験、知識、知恵を後世に伝える橋渡しをする。
		・語り手は、自身の人生を振り返り、幸せな出来事や頑張ってきたことを思い出すことで、生き生きとした表情を見せて、自分のしてきたことの意義を見出したり、「まだ、やることがある」ことに気づいたりする。心のケアにもなる。 ・聞き手は、語りの内容から様々なことを教えられる。聞いたことを一冊の本にし、渡すことで家族からも喜ばれる。
	宮崎聞き書き隊[34]（宮崎）	「聞き書き」とは、人の話を聞き、文字に残す方法
		お年寄りの話を聞き、歩んだ人生をつづる作業は、貴重な記録になる。それは単なる記録ではなく、聞き手と語り手との信頼関係の上に、これまでの人生の様々に耳を傾け、いわば人生の見直し作業をすることにつながり、語り手の気持ちをまとめることが大切になる。

《図表6‐1続》聞き書き団体が挙げる聞き書きの定義、意義

　このように聞き書き団体・グループは、各地でさまざまな活動を行っており、設立経過や目的によって、聞き書きの定義や意義も異なるが、おおむね共通することとして、❶ある個人あるいは地域の（過去・今を含む）歴史を伝承する、❷世代間のコミュニケーションを図る、❸講話（口語）体による文章の特性（伝達性、感受性）を活用することを共通とするように思われる。

　また、団体・グループによって語り手像も異なるが、時代の趨勢か高齢者を語り手としている団体が多いようだ。小田豊二は講演等で「高齢者が1人亡くなられると町の図書館が一つ無くなるに等しい」というが、正に年輪を重ねた高齢者から得られるものは多い。それを後世に伝える責務から、言い換えれば古き良き伝統が失われつつある危機感から、高齢者を対象とした聞き書きに取り組む団体が多いのだろう。

　このほか、東日本大震災の被災者や被災地をテーマとした聞き書きや、高校生を対象とした聞き書きなど、ある特定の目的を達成するために組織された団体では、その目的を前面に出して聞き書きの意義を強調している。また、語り手の対象を全く限定しない聞き書きグループもある。

　どうやら、今日の聞き書きが新たな「文化」を創造するの土台は整いつつあるようだ。

（2）一つの展望〜専門職教育における聞き書き〜

　前項で記した通り、聞き書きの活動領域は、❹教育、看護、介護、福祉分野における人の育成や支援、まちづくりへと広がっており、各地でさまざまな取り組みが試みられている。専門領域に踏み入るため詳細は別稿に改めるとして、ここではそれを筆者の関心に従って極簡単にまとめておきたい。

　学校教育における聞き書きは、戦前の綴方などに始まり、かねてから国語科の教育方法の一つとして活用されてきたようだ。また、聞き書きの指導法についても藤本英二著『ことばさがしの旅 ― 国語表現の試み（高校生と教育）〔下〕』（高校出版、１９８８）や日本作文の会編『作文と教育２０１１年６月号』（本の泉社、

２０１１）、下橋邦彦編『高校生は表現する　体験・聞き書き・ルポ』（東方出版、１９９６）など多くの研究がなされている。

また、今日では学習指導要領で求められるアクティブラーニング[23]の指導法として聞き書きに注目が向けられているほか[24]、進路指導やキャリア形成（就労）支援教育の一環として聞き書きが活用される例もあるなど[25]、その汎用性が広がりつつある。学生による聞き書きの代表作である立花隆・東京大学教養学部立花ゼミ編『二十歳のころ』計３冊（新潮社）は、「調べて書く」ことを主テーマとしながらも、その経験が学生自身のキャリア形成に資する効果は大きいように思われる。

さらに今日では、看護・介護・福祉分野など対人援助（高齢者や障害のある人、子ども家庭等を支援する）専門職の養成時に聞き書きを行おうとする試みが始まっている。例えば、福岡女学院看護大学保健師コースでは、対象者とのコミュニケーション促進と人生観や生き様を学ぶことを目的として授業に聞き書きを取り入れている。また、富山福祉短期大学では同窓会が主催して聞き書きボランティア講座を、さらに富山大学医学部看護学科では「聞き書き学校」を開催しているほか、金沢大学では「聞き書きサークル星ことば」が地域包括ケアのモデル事業の一環として聞き書きを導入するなど、その下地は広がりつつある。

さらに、岡山大学内に事務局を置く医療人キャリアセンターＭＵＳＣＡＴも２０１５年６月に「聞かせてください、あなたの人生 ― 誰でもできる聞き書き講座 ―」と題する講座を開催するなど、聞き書きに対する関心は、特に看護・介護領域を中心に確実に高まりつつあるといえよう。

他方、各地の看護、介護現場でも様々な取り組みが行われている。例えば、砺波総合病院（富山県）では、患者に寄り添う看護のひとつとして、「ひとくくりの患者」としてではなく、それぞれの人生を歩む人として見つめるために聞き書きを取り入れている[26]。このほか、ＮＰＯ法人白十字在宅ボランティアの会（東京都）の聞き書きボランティアやホームホスピス宮崎（宮崎県）の聞き書きボランティア「宮崎聞き書き隊」なども同様だ。何よりも六車「介護民俗学」のお膝元であるすまいるホーム（静岡県）の実践例は言うに及ばない(27)。

こうした先行例を踏まえ、さらに筆者は社会福祉系の対人援助（相談支援）職の養成教育や実際の相談支援過程における聞き書きの可能性に注目している。詳述する暇はないが、生活課題（生活上の困りごとや悩み等の困難）を抱えた人の相談支援を行う社会福祉対人援助職（ソーシャルワーカー）の養成には、特に❶支援対象となる人の理解や、❷その人と円滑に関わり合える信頼関係の構築やコミュニケーション能力の向上、❸抱えている生活課題の把握やアセスメント、社会資源（サービス等）とのマッチングなどが欠かせない。

ここで改めて聞き書きの特性を記してみたい。「二者関係を基盤として、お互いが会話を通してコミュニケーションを図る過程で波長合わせを行い、さらに受容、共感し合いながら信頼関係を深めることで、いわばグループ・ダイナミクス（集団力学）による『協同性』(28)によるそれは、正に対人援助における本人理解や信頼関係の構築、生活課題の把握を行う諸要素に他ならない。こうしたことから養成課程の一部に聞き書きを導入することを検討する余地は十二分にあるだろう。

さらに加えて、聞き書きは社会福祉分野におけるコミュニティ・（ソーシャル）ワークや、権利擁護支援（自己決定支援）の技法としても援用可能であり、筆者の関心も専らそこにあるのだが、本稿でこれ以上深入りすることは避けねばなるまい。

もっとも、聞き書きを用いた対人援助職養成については、そもそも「聞き書き」の教育効果の有無と程度を検証した上で、対人援助職養成における同様の効果を検証する必要があるほか、さらには聞き書きを用いた対人援助職養成の指導法を確立する必要がある。継続した考察が必要だ。

(23)学童生徒が課題の発見と解決に向けて主体的、協働的に学習するための指導法。思考力、判断力、表現力の育成をめざす学習指導要領の指導法として用いられる。
(24)中井・古宇田（2016）、p.4
(25)藤本（2002）参考
(26)砺波市『広報となみ2012．12』砺波市、2012 p.24
(27)六車『介護民俗学へようこそ！「すまいるホーム」の物語』新潮社、2015参考
(28)本稿2．（1）、p.117

おわりに

「存在」の「存」は時間的にあることをいい、「在」は空間的にあることをいうのだそうだ。したがって、「人が存在する」とは、過去から未来へと連なる時間の中の「今この時」に、人と人が息づく「場に在る」ことといえるだろう。

本稿では、はじめに聞き書き活動の広がりを4類型にまとめたが、いずれの類型においても聞き書きの成果として、語り手が今この時、この場所に存在することの意味＝価値を明らかにしようとしている点は共通している。また、それは同時に聞き手の存在を確認することにも他ならないのだが、いずれにしても聞き書きの醍醐味が、今を生きる一人ひとりの「存在」を確かめることにあることは間違いあるまい。とりわけ、市井の人々の存在を明らかにすることで、人の暮らしの「直向《ひたむ》きな美しさ」「もろい美しさ」を描き出す果実は極めて大きい。

冒頭に却って人の存在が文化の源泉だとするならば、その存在を確認する聞き書きは新たな文化を創造するた

めに必要不可欠なものだといえよう。本稿で鳥瞰したように今日の聞き書き活動は、その目的、方法、内容を無辺に拡大させていることから、そこから生まれる文化の広がりも計り知れない。本稿が、その敷石のひとつになれば、それに勝る喜びはない。

（了）

久しぶりの論文調は疲れた。
今日は“フグちり”でも奮発するか！

聞き書き公開例会

■とき：２０１６年９月９日（金）午後２時～４時半（開場午後１時30分）
■ところ：岡山県立図書館　２階サークル活動室２

１部　聞き書きワークショップ　聞くから書くまで　　発表者／久本恵子

「聞く、書く。」４号所収の「自分で自分の人生を大事にな」が、どのようにテープ起こしから聞き書き作品になったかを参加者にテープを聞いてもらって説明した。（省略）

２部　県内の聞き書きグループとのミニ交流会　　進行・コーディネーター／山川隆之

岡山県内でも最近、行政として、また社会教育活動の一環などで聞き書きに取り組んでいる地域があります。今日パネラーにお招きしたのは、そんな地域での活動に取り組んでいる方たちです。

足守聞き書きボランティア養成講座、玉野聞き書きボランティア・スマイル、備中聞き書き実行委員会、やかげ聞き書き人の会の方達です。それぞれの活動を紹介していただこうと思います。

私たちの「聞き書き人の会」の発足と同時に、地域づくりの一環として、足守で聞き書きボランティア養成講座が始まりました。高齢化の進んでいる地域を、今のうちにお年寄りの話を聞いて残しておこう、という公民館の呼びかけで始まったものです。

公民館の職員が中心となって、70歳代、80歳代の人の話を、60歳代の人が聞いて書き残すという形で始めた。地域にどんな人が住んでいて、とんな歴史を辿ってきたのかや、残っている祭りのことなんかを、7、8人の方に公民館に来ていただいて話を聞いた。足守はメロンで有名なところで、メロン農家の人の話なども聞いて、一冊の聞き書き集ができた。

その聞き書きの本は、地域の人が次々取りに来て、瞬く間になくなった。

それまで地域の中で、地域の人が50年前70年前の戦争があったころ前後のことなど語り合う機会も、書き残すということもなかった。それが、この聞き書き集を機に気運が高まった。

それでは、今日来ていただいている地域で聞き書きをしている人達の話を聞きたいと思います。順番に指名しますので、よろしく。

●足守公民館の若林です。

足守に転任したときはすでに第2集ができあがっていて、地域の方が次々取りに来てくれる状況だった。今、第3集を作成集中です。足守にきてから聞き書きを始めたのですが、地域で生きてこられた人の歴史や、地域の暮らしや、知らなかったことを次々と教えてもらえて楽しい。これをまとめて次世代に繋げていけたらいいな。将来的には、話してくださった人と、若い人との繋がりもできたら、と思っている。

●玉野聞き書きボランティア・スマイルの勝山といいます。
現在7名の会員で、スマイルと言う施設に入所しておられる方の話を聞きに行っている。

施設で決めていただいた方の話を、1人の人にI時間、3回ほど聞いて本にまとめて、今まで17冊出来上がった。

一人の方の本は3冊作って、その3冊は、ご本人と、施設と、私達とで持っている。

認知症の方、病的な方（鬱）もいるが、できるだけ話した言葉そのままを文字にしている。

施設で自分の順番を待っている人も多く、聞きに行く人を憶えていて喜ばれる方もある。

●高校生が聞き書きをしている備中聞き書き実行委員会の　森光です。
高校生の聞き書き甲子園というのがあって、森や海で仕事をしている人の話を聞くという会の立ち上げ人の渋沢寿一さんの講演会を聞いて、地域のことで何か残すには、聞き書きが一番かなと思って、人と人を繋ぐということで始まった。
・笠岡の長年一つの仕事をされてきた職人さんから話を聞かせてもらうということから始まった。
・人生の岐路に立つ高校生・一人の若者が、人生を長く生きてきていろいろな苦労をしてきた人の話を聞くことによって、何かが心に残り、若者の生きる糧、力になるのではないか…ということで続けている。

●矢掛町の図書館で「やかげ聞き書き人の会」の文屋です
・矢掛には7地区ありますが、それぞれの地区の自然や、祭り、タバコなど、地区の特色となるものを取り上げて、聞き書きをして残していこうという活動をしています。

・7月には、3地区のお年寄りに図書館に来ていただき、伝統行事・猟・焼き麩のお話を二人がペアになってお聞きしました。そのとき矢掛放送の取材もあり、矢掛地区には3日間放映されました。8月には県内のケーブルテレビ「あっちこっち岡山」で取り上げられ、放映されました。

そのこともあり、図書館・公民館・観光地にまとめた冊子を無料配布していることもあり、少しずつ地元の人にも知られるようになっています。

（山川）今日参加された方で、聞き書きをしているという方おられますか？

無いようですので、もう少し聞き書きについて話します……。聞き書きというのは、民俗学という学問領域でもあり、医療的にも傾聴というアプローチの仕方があるし、歴史学では時の政権を握った人が生きた道を回想的に話して、それを書いて残すという方法にも使われている。

いずれにしても、それらを聞いて、書いて、残していき、それを、また地域に還元していくことで、少しでも地域が良くなればとの思いでやっている。

地域で聞き書きをしておられる方が、どうして聞き書きをしようと思われたか、そのねらいや動機についてお話を聞こうと思います。

まず、足守公民館としてどうして公民館活動に、聞き書きを利用しようと思われたのか、その動機についてお聞きしたいと思います。

●足守公民館の元職員の藤井です。

・聞き書きというのを始めたらいいなと思って発案して、そのまま転勤になった。

最初のきっかけは玉野で、そこの館長さんが、「傾聴」というボランティアの先にあるのが「聞き書き」で、人材育成が大事だと言われて、小田豊二さんの話を聞いたりして、聞き書きについて学んだ。それとは別に、埋もれていく先人の技とか経験とかを若い人が聞くという、聞き書き甲子園というのがあって、林野高校の生徒さんが、地元のお爺ちゃんの林業の方の話を聞いて、それを書いた子が、そのまま地元で就職して働いているというようなことを聞いたりして、子ども達が近所のお爺ちゃんお婆ちゃんの話を聞いて、そんな話が残せたらいいな、と思って立ち上げた。だが、難しそうで、とりあえず大人から始めようと思った時、転勤になった。

人の歴史を残す、ひと世代前、ふた世代前の人の話を聞いて残す、個人の話・歴史を残すということは、個人の尊厳を守るということに繋がっていくのではないかと思った。

（山川）　玉野の方は、ボランティア活動として行っておられるが、活動をすることで何か変化や発見がありましたか？

・施設の職員の方が、紙に書かれているだけのその人と接している時と、聞き書きをして本が出来たあと、その本を読んで、その人が生まれてから現在までのその人の、全人生・全人格を知ってからは、その人の受け止め方や、対応が変わって来たように思える。
・人間としての、その人の履歴書が厚みのあるものになったように思う。
・出来た本を医師に読んでもらってから、その人の背景を知ってもらえることによって、医師との関係性が良くなってきた。
・聞き取りのときには、職員の方は居なくて、ボランティアと話し手とだけでしている。認知の入っている方でも、聞き取りをしてもらっていろいろ話しているうちに、思い出した話もあり、本人が、思い出せて良かった、と喜ばれる。

（山川）人の歴史、人、暮らしを残していくという手段、表現方法は聞き書きのほかにも、写真、映像、音声、絵などの方法もあって、文字だけで残していくより強く伝わってくるものもある。

聞き書きの活動をしていて相手の方に喜ばれたとか、活動の原動力、エネルギーになったとか、また反対に喜ばれなかった、などの経験について話してください。

☆玉野の方

●認知症の方、心に不安を抱えている方もいるが、できるだけ話した言葉そのままを文字にしている。施設で自分の順番を待っている人も多く、聞きに行く人を憶えていて喜ばれる方もある。

その人の一冊だけの本として喜んでもらい、家族でも知らないこともあり感動してもらえる。その反面、家族の反対で取りやめになって作ったが、処分されたということもあった。

☆矢掛では

●出来上がって持っていくと、よう書けとるなあ、と喜んでもらえた。

自分で文章を書かれる方の聞き書きをすると、満足してもらえない。

自分では書けないけれど、人が話を聞いてくれるなら話す。今まで生きてきた証を残したいという方に聞かせていただいている。

☆足守では

●ちょっと気難しい感じの人が、聞き書きをした後で、楽しい時間だったと喜ばれて、よかったなぁと思った。時間を共有することが大事だと思った。

（山川）そのほか、今日参加された方にひとこと、感想を。

＊初めて聞き書きと言う言葉を耳にして、参加したという人。

＊小田豊二さんについて、どんな人かの質問　↓　聞き書き作家として、講演会やワークショップを開催。全国に聞き書きを広めようとしている。

＊聞き書きをするということは、話し手の思いをすべて出せる。人生の総まとめになる。

＊人、一人ひとりに歴史がある。その人の生きた人生の中に、地域の歴史がある。

＊聞き書きの本は、人生の最後の表彰状を作る。その手伝いをしているのだと思って、素晴らしいなあと思った。

＊倉敷の牡蠣船の話を聞いた。まとめたい。

＊伯母の聞き書きをしたとき、思いをすべて出した、もう思い残すことはないと喜ばれた。その伯母の葬式のときに、家族から20冊も持参するよう頼まれた。住職さんにも一冊渡した。

「聞き書き人の会」に参加して

徳山ちえみ

友人の人見さんに誘われて、平成28年3月11日㈮に「聞き書き人の会」の例会に初めて参加しました。年度の終わりで、翌年度の予定などが話し合われていました。会員各自が聞き書きをして、それを例会で話し合うことや公開講座などの今年度の予定を決めていました。その時は、聞き書きとはどういうことをするのか、おぼろげに分かった程度でした。

9月9日㈮には、聞き書き公開例会「聞き書き事始め」がありました。最初に文屋さんの開会のあいさつがあり、活動が6年目になること、聞き書き人の会の発足の目的や今までしてきたことなどを話されました。その中に、「戦中戦後の困難な時代を生き抜いてこられたお年寄りから生きてきた歴史を聞かせてもらうことで、その知恵や技術を学び、後世に伝えようとしています。そのことが一人ひとりの人生を大事にすることにつながっていくことだと考えています」と言われ、聞き書きに対する思いや聞き書きの意義がわかりました。

前半の「聞き書きワークショップ　聞くから書くまで」では、久本さんが実際に聞き取ったものをどのようにして作品として仕上げていくかを説明しました。聞き取ったテープを再生して聞く。聞いたことをそのまま文章に書き起こしていく。書き起こしたものを、読み手に分かりやすく並べ替えるなどして、原稿にしていく。聞く、書く、それぞれで苦労する箇所、そして最後に、振り返りとまとめの順番で話されました。聞き取り、書き起こすときのルールや相手の言葉の意味を知り、文章で表現していくことがわかりました。相手の言葉の意味を読み取って、内容の順番を変えて行くことも必要だということがわかりました。

後半のミニ交流会では、足守・笠岡・玉野・矢掛の聞き書き活動を聞いてどの地区も、今まで聞き書きした作品が、話し手本人や家族に喜ばれ、やりがいを感じて活動されていることがわかりました。高校生の聞き書きでは、高齢者に話を聞かせてもらうことにより、コミュニケーションの難しさや高齢者の知識や知恵を学ぶことで、高校生自身の成長につながることが報告されました。

私は、介護福祉士養成校に勤めています。学生に聞き書きを体験してもらうことで、人から話や思いを聞き出すことの難しさと喜びがわかるのではないかと思いました。そのことが高齢者を尊敬することにもつながる良い体験になるだろうと思い、ぜひ、聞き書きを体験してもらいたいと思いました。

私は、高齢者が農作物を作って販売する朝市活動の研究をしています。高齢者の聞き取り調査をしていると、いろいろな経験や人生の教訓を数多く話されます。その中には、信念を持って行われている活動に、家族は文句や否定的なことばかり言うので、自信を無くされている人がいました。その方に健康を考えた素晴らしい活動をされていることを伝えると、雄弁に自分の考えを話されました。心身ともに健康な方が働き続けることで健康が保てると思っていますので、働き続けていただく支援が必要だと思います。そのためには、その方の話をよく聞いて、やる気を持続できるよう応援することが必要だと思っています。

また、90歳の女性からは、自由に行きたい学校に行くことができず、希望する職業に就くことができなかったので、他の仕事につき、定年まで働いてきたことを聞きました。定年退職後は、作物作りやＪＡ女性部の活動を行い、その活動の引退後にも、活動日には話しに出かけていると言われました。働き続ける女性の少なかった時代に、働き続けることは大変だっただろうと思いました。定年退職後の活動にも興味を持ち、学ぶことが多い人生と思いました。

お年寄りに学ぶには、これらの方たちの話を聞くこと、そして書き残すことが必要だと思いました。話す人にとっては、話すことで自分の人生を振り返り、人生の総まとめをして、苦労は多かったが、いい人生だったと感じるのではないかと思いました。私も、聞き書きをして、お年寄りから学びたいと思っています。また、学生にも聞き書きを通し、お年寄りの貴重な体験から多くのことを学んでほしいと思います。

そのためにも、私自身積極的に聞き書きに取り組みたいと思っています。

一緒に聞き書きをやってみませんか

聞く、書く。

書：山根玉峰（やまね・ぎょくほう）＝書道家。

聞き書きは、語り手と聞き手が対話を重ねて、語り手の人生や思いを「話し言葉（聞き書き言葉）で文章化」していく共同作業。そして、その時代に生きているひとりひとりの人生を「歴史」として記録していく取り組みです。

聞き書き人会では、次の４つの視点で「聞き書き」技法を習得し、聞き書きによって地域の記録を残していくことを目指しています。

その１　拠点…地域の図書館を活動の場とするプロジェクト
その２　育成…それぞれの地域に「聞き書き人」を
その３　交流…エリアや世代を超え、「語り手」と「聞き手」の交流
その４　記録…聞き書きと言う手法で人々の暮らしを記録

☆定例会開催中☆
毎月第２金曜日午後２時から、岡山県立図書館２階グループ研究室で
☆お問い合わせ☆
聞き書き人の会（吉備人出版内・山川）
…電話 086-235-3456 ／ mail. books@kibito.co.jp

「聞く、書く。」 聞き書き人の会　会報誌　第５号

2017 年 1 月 31 日　発行

著　者　聞き書き人の会
青山 静／小山博子／佐藤伸隆／正保潤子／鈴木久子／徳山ちえみ／久本恵子／人見裕江／文屋 泉／森光康恵／山川隆之（五十音順）

発　行　聞き書き人の会
事務局：岡山市北区丸の内２丁目 11-22
吉備人出版内
電話 086-235-3456　ファクス 086-234-3210

発　売　吉備人出版
〒 700-0823 岡山市北区丸の内２丁目 11-22
電話 086-235-3456　ファクス 086-234-3210
振替 01250-9-14467
http://www.kibito.co.jp/
e-mail:books@kibito.co.jp

印刷所　印刷工房フジワラ

ISBN978-4-86069-497-5　C0095　￥500E